콜롬북스 어플
무료 MP3, 스마트폰에서 바로듣자! (동영상 강의 및 MP3)

MP3를 듣는 가장 스마트한 방법

- 앱스토어 또는 구글플레이 스토어에서 '콜롬북스' 다운로드 및 설치
- 회원가입 없이 바로 원하는 도서 검색 MP3 다운로드 / 듣기
- 회원 가입시 더 다양한 서비스를 이용 가능

구매하고 싶은 책은 바로 구매!

북마크로 컨텐츠함에 저장!

콜롬북스를 설치하세요.

안드로이드

아이폰

알 아 두 기

- 파일을 다운로드시 Wifi 환경을 권장합니다.
- 통신망 이용 시 사용하시는 요금제에 따라 요금이 부과될 수 있음을 알려드립니다.
- 운영체제에 따라 지원되는 기능이 상이합니다.(스토어에 있는 어플 설명 참조)

이것만 **알**면 **통**한다

여행
인도네시아어

황우중 지음

들뜬

마음으로 결심한 해외 여행. 출국 전 여권, 비자, 각종 서류와 비상약, 세면 도구 등 모든 준비를 완벽하게 갖추었다고 자신하지만 여행용 회화책을 잊었다면 그 여행은 절반만 즐기는 것이나 다름없습니다. 모국어처럼 유창하다면 더할 나위 없이 좋겠지만, 간단한 몇 마디가 여행을 힘들게도 하고 쉽게도 만들어주기 때문입니다. 그런 면에서 이 책은 영어를 잘하기 위한 책이 아니라 여행을 편하게 할 수 있도록 도와주는 가이드라고 할 수 있습니다.

이 책은

떠나기 전 체크 사항부터 여행을 마치고 귀국길에 오르는 순간까지, 여행에서 마주치는 다양한 상황을 예상하여 필수 대화문을 엄선하고 구성했습니다. 또한 회화 이외에도 각 상황에 필요한 현지 정보를 생생한 사진과 함께 제공하고 있습니다.

해외

여행은 단순히 발도장, 눈도장만 찍고 오는 것이 아니라 그 나라를 마음 가득 담아오는 것입니다. 아무쪼록 이 한 권의 책이 여러분의 여행에 든든한 버팀목이 되기를 바랍니다. 부디 즐거운 여행 되세요.

— 2016년 10월 황우중 —

이 책의 구성과 활용 방법

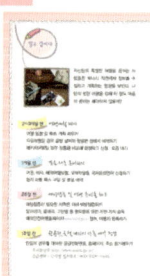

🌀 상황별 정보

각 상황에서 알아야 할 사전 정보나 유용한 여행 팁을 정리했습니다. 또한 현지의 생생한 장면을 사진에 담아 여행을 준비하는 데 적지 않은 도움이 될 것입니다.

🌀 필수 표현

출국에서 귀국까지 여행을 하면서 겪는 모든 상황에 필요한 대표적인 표현을 모았습니다. 삽화를 함께 실었기 때문에 급한 경우 상대에게 그림만 보여주어도 원하는 답을 얻을 수 있습니다.

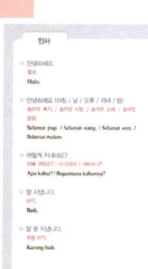

🌀 상황별 회화 표현

여행을 하면서 꼭 쓰게될 회화 표현만을 담았습니다. 문장을 연습하면서 여행에 대한 기대감과 함께 자신감도 키워보세요.

상황별 주요 단어

각 상황에서 사용할 수 있는 어휘들을 정리했습니다. 문장을 어떻게 만들까 고민하는 대신 이 단어들만을 활용하셔도 충분히 의사소통이 가능합니다.

유용한 단어

여행을 하면서 말하게 될 숫자와 시간, 요일, 계절 그리고 날짜와 신체 표현 등을 실었습니다.

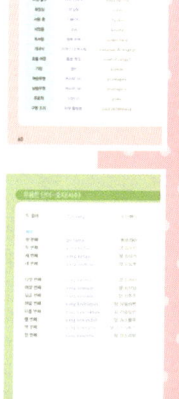

5

머리말
이 책의 구성과 활용 방법

1 여행의 필수 표현
- 여행 준비 정보 ········· 12
- 인사 ········· 22
- 감사와 사과 ········· 25
- 긍정 및 부정 ········· 27
- 소개 ········· 29
- 질문 ········· 32
- 권유 및 제안 ········· 36
- 부탁 및 허락 ········· 39

2 기내에서
- 출국 및 기내 정보 ········· 44
- 기내 필수 표현 ········· 46
- 자리 찾기 ········· 48
- 좌석 이용 ········· 49
- 음료 요청 ········· 50
- 기내식 ········· 51
- 기타 서비스 ········· 53
- 기내 위기 대처 ········· 56
- 입국 신고서 작성 ········· 58
- 기내 쇼핑 ········· 59
- 기내 주요 단어 ········· 60

3 공항에서
- 입국 정보 ········· 64
- 공항 필수 표현 ········· 66
- 경유 및 환승 ········· 68
- 입국 심사 ········· 69
- 짐 찾기 ········· 71
- 세관 검사 ········· 72
- 환전 ········· 74

공항 안내소 ······················· 76
공항 주요 단어 ··················· 78

4 교통 수단의 이용

교통 정보 ························· 82
교통 필수 표현 ··················· 84
택시 ······························· 88
버스 ······························· 91
열차 ······························· 94
렌터카 ···························· 97
자동차 서비스 ·················· 100
교통 주요 단어 ·················· 102

5 음식 즐기기

음식 정보 ························ 108
식당 필수 표현 ·················· 110
예약 ······························ 112
자리 배정 ························ 114
주문 ······························ 115
식사 중 ··························· 122
패스트푸드 ······················ 127
술집 ······························ 129
계산하기 ························· 131
식당 주요 단어 ·················· 134

6 숙박 시설의 이용

숙소 정보 ························ 138
숙박 필수 표현 ·················· 142
예약 ······························ 144
체크인 ···························· 147
룸서비스 ························· 148
기타 서비스 ······················ 150
위기 대처 ························ 153
체크아웃 ························· 156
숙박 주요 단어 ·················· 160

7 현지 관광

- 관광 정보 ········· 164
- 관광 필수 표현 ········· 166
- 관광 안내소 ········· 168
- 관광 프로그램 ········· 169
- 길 묻기 ········· 172
- 티켓 ········· 175
- 사진 찍기 ········· 177
- 골프 ········· 178
- 관광 주요 단어 ········· 180

8 쇼핑 즐기기

- 쇼핑 정보 ········· 184
- 쇼핑 필수 표현 ········· 186
- 상점 찾기 ········· 188
- 물건 고르기 ········· 190
- 포장하기 ········· 195
- 계산하기 ········· 197
- 교환·환불 ········· 199
- 쇼핑 주요 단어 ········· 202

9 공공시설 이용

- 전화·인터넷·우체국 정보 ········· 206
- 공공기관 필수 표현 ········· 210
- 전화 ········· 212
- 우체국 ········· 216
- 은행 ········· 219
- 인터넷 카페 ········· 222
- 공공시설 주요 단어 ········· 224

10 위기 대처

- 위기 대처 정보 ········· 228
- 위기 대처 필수 표현 ········· 230
- 분실 · 도난 ········· 232
- 교통 사고 ········· 234
- 병원 ········· 237
- 약국 ········· 242
- 의사소통 ········· 243
- 위기 대처 주요 단어 ········· 246

11 귀국하기

- 귀국 전 체크 사항 ········· 252
- 귀국 필수 표현 ········· 254
- 예약 확인 ········· 256
- 예약 ········· 258
- 예약 변경 ········· 260
- 귀국 수속 ········· 262
- 귀국 주요 단어 ········· 264

12 유용한 표현

- 친구 사귀기 ········· 268
- 날씨 ········· 274
- 날짜 · 시간 ········· 278
- 감정 표현 ········· 280
- 말잇기 ········· 284
- 유용한 단어 – 숫자(기수) · 수량사 ········· 286
- 유용한 단어 – 숫자(서수) ········· 288
- 유용한 단어 – 시간 표현 ········· 289
- 유용한 단어 – 요일 · 계절 ········· 291
- 유용한 단어 – 인칭 대명사 · 호칭어 · 방향 ········· 292
- 유용한 단어 – 색 · 기타 표현 ········· 294
- 유용한 단어 – 신체 ········· 295

1

여행 준비 정보

인사

감사와 사과

긍정 및 부정

소개

질문

권유 및 제안

부탁 및 허락

여행의 필수 표현

여행을 하면서 기분 좋게 던지는 인사말, 감사의 말과 더불어 사과하고 부탁하는 말 등 반드시 알아야 할 표현들을 모았습니다.
가장 기본이면서 동시에 중요한 표현들이니 여행 전에 미리 알아두면 좋습니다.

POINT

여행 준비 정보

자신만의 특별한 여행을 꿈꾸는 사람들은 떠나기 직전까지 정보를 수집하고 계획하는 열정을 보인다. 나만의 멋진 여행을 위해 이 정도 마음의 준비는 해야 하지 않을까?

2~3개월 전 여행 계획 짜기

여행 일정 및 루트 계획 세우기
자유 여행일 경우 출발 날짜와 항공편을 정해서 예약하기
패키지 여행일 경우 상품을 비교해 결정하고 신청·요금 내기

1개월 전 서류 준비하기

여권, 해외 여행 보험, 국제 학생증, 국제 운전 면허 신청하기, 현지 교통 패스 구입 및 호텔 예약

2주일 전 예방 접종 및 여행 준비물 체크

예방 접종이 필요한 지역은 미리 예방접종하기
말라리아, 콜레라, 고산병 등 풍토병에 대한 사전 지식 습득
해외안전여행홈페이지 www.0404.go.kr 접속, 여행자 등록하기

1주일 전 항공권, 호텔, 패키지 상품 예약 점검

만일의 경우를 대비한 응급 전화번호, 홈페이지, 주소 필기해두기
외교통상부 http://www.mofat.go.kr/
응급전화 : 국가별 접속번호 +800-2100-0404

| 하루 전 | 여행 가방 싸고 공항까지 교통편 점검 |
| 출발일 | 여권, 비자, 항공권, 호텔 예약 최종 점검 |

출발 2시간 전에 도착할 수 있도록 공항으로 출발하기

여행 예산 짜기

해외 여행 경비의 기본 항목

① 국제 항공 운임 ② 숙박비 ③ 음식비
④ 입장료 등 관람비 ⑤ 현지 교통비

추가 가능 항목

선택 관광비, 기념품, 선물 비용, 비상금

여행 경비 준비

현금과 신용카드를 준비한다. 출국시 많은 현금을 소지하기 보다는 현금카드로 현지의 ATM에서 일정한 수수료를 지불하고 찾는 것이 더 편리하며 신용카드는 렌터카 이용, 호텔 체크인 등에 꼭 필요하다.

여권

외국을 여행하는 국민에게 정부가 발급해주는 신분증으로 여권 없이는 대한민국 밖으로 나갈 수 없고, 여행 중에도 항상 지니고 다녀야 한다.

여권 발급 기관

각 시/도청, 구청, 외무부 여권과 또는 여행사에 신청
5~7일 후 발급

여권의 종류

- 일반 복수 여권 : 5년, 10년 단위로 기간 만료일까지 사용
  – 수수료 30,000~53,000원
- 일반 단수 여권 : 1회로 이용 제한 – 수수료 20,000원
- 일반 거주 여권 • 관용 여권 • 외교관 여권 • 전자 여권

구비 서류

일반 여권 : 여권 발급 신청서, 여권용 사진 2매(6개월 이내 촬영 뒷배경 흰색, 반드시 귀가 보이게 촬영), 신분증(주민등록증 또는 운전 면허증), 병역 관계 서류(병역의무자에 한함)

만 18세 미만 : 부모의 여권 발급 동의서 및 동의인의 인감 증명서 (단, 부모가 신청 시에는 면제)

비자

비자는 여행하려는 나라의 정부에서 입국을 허가해주는 문서로, 인도네시아는 방문 목적에 따라 체류 기간, 요구하는 구비 서류가 다른 경우가 있다.

비자 발급 기관 주한 인도네시아 대사관

비자의 종류

외교 비자, 관용 비자, 경유 비자, 관광 비자, 사회 문화 비자, 단수 상용 비자, 복수 상용 비자, 단기 체류 비자, 도착 비자, 단수 및 복수 재입국 비자

비자 발급 절차

1. 비자 발급 신청
2. 구비 서류 제출 및 수속 비용 지불
3. 케이블 발급
4. 비자 발급(주한 인도네시아 대사관)

구비 서류

- 3cm×4cm사이즈의 칼라 사진 2매
- 일반 복수 여권
- 발급일로부터 6개월 이상 유효 기간이 남은 여권 원본
- 목적지가 표시된 왕복 항공권 또는 경유 항공권 사본 1부
- 신분증 사본

- 비자 신청서
- 영문 신원 보증서(재직 회사 또는 여행사에서 발급이 가능하며 학생의 경우 영문 재학 증명서로 대체 가능)
- 개인 신상 정보와 방문 목적, 기간, 인도네시아에 체류하는 동안 발생되는 경비와 여행 후에 바로 한국으로 돌아온다는 재직 회사 또는 여행사의 보증이 표기되어 있어야 함.
- 재직 회사와 재학 중인 학교가 없는 경우는 본인이 직접 대사관에 방문하여 보증서를 작성해야 함.

준비물 챙기기

여권 · 항공권	세부 내용 확인 후 복사본 별도로 보관
예비용 사진	여권 분실 등을 대비해 2~3장 정도 준비
경비	한국 돈, 현지 돈, 신용 카드, 현금 카드, 여행자 수표
여행자 보험증	패키지 여행일 경우 별도로 챙기지 않아도 됨
국제 학생증	신분 증명, 숙소, 박물관 등의 입장료 할인
국제 운전 면허	렌터카 이용시 국내 면허증과 함께 보관
유스호스텔 회원증	유스호스텔 이용시 할인 혜택
카메라	
옷	속옷, 양말, 티셔츠 2~4벌. 스웨터나 카디건
신발	걷기 편한 운동화, 샌들.
비상약	소화제, 설사약, 감기약, 진통제, 연고, 밴드
비닐 봉투(지퍼락)	젖은 옷이나 잡동사니 넣기에 좋음

선물	작은 답례품은 현지인을 사귈 때 요긴함 한국의 색깔을 느낄 수 있는 기념품
그 외	필기 도구, 수첩, 칫솔, 치약, 타월, 빗, 드라이어, 화장품, 손톱깎이, 수건, 비누, 세제(1회용 포장), 티슈, 손수건, 우산 및 우비, 다용도칼(부치는 짐에), 수저와 젓가락, 알람 시계, 손목 시계, 숙소에서 신을 슬리퍼
필요에 따라	노트북, mp3플레이어, 전자 사전, USB, 핸드폰

* 지도 및 교통 노선도는 한국에서 미리 준비할 필요는 없다.
   현지 관광안내소에서 제공하는 정보가 가장 정확하기 때문이다.

인도네시아어를 사용하는 나라들

인도네시아

수도는 자카르타, 시차는 -2시간. 통화는 루피아rupiah. 정식 명칭은 인도네시아공화국으로, 인도양과 남태평양 사이에 위치한다. 자바·수마트라·보르네오·셀레베스 등 대소 1만 3677개의 섬들로 구성된 세계 최대의 도서국가이다. 약 2억 5천만 명에 이르는 인구를 보유한 국가이다. 종교는 이슬람교가 90%이지만 국교는 아니며, 종교의 자유를 보장하는 국가이다.

주인도네시아 한국 대사관

주소 : Jalan Jenderal Gatot Subroto Kav. 57, Jakarta Selatan, DKI Jakarta 12950, Indonesia
전화번호 : +62 21 29672580
운영시간 : 08.30 ~ 16.30

인도네시아 시차 : 3가지의 시간대
WIB(Waktu Indonesia Barat, 인도네시아 서부 시각 UTC+07:00)
WITA(Waktu Indonesia Tengah, 인도네시아 중부 시각 UTC+08:00)
WIT(Waktu Indonesia Timur, 인도네시아 동부 시각 UTC+09:00)

동티모르

수도는 딜리, 시차는 없음. 통화는 US달러. 인도네시아와 호주 사이에 있는 티모르섬의 동쪽 지역에 위치한 국가. 종교는 인도네시아와는 달리 로마 가톨릭교가 90% 이상을 차지한다. 2002년 인도네시아로부터 독립한 신생 독립국가이다.

주동티모르 한국 대사관

주소 : P.O. BOX 230, Avenida de Portugal, Campo Alor, Dom Aleixo, Dili, Timor-Leste
전화번호 : (670) 332-1635 Fax : (670) 332-1636

말레이시아

수도는 쿠알라룸푸르. 시차는 −1시간. 통화는 링깃Ringgit. 동남아시아 말레이반도 남단과 보르네오섬 일부에 걸쳐 있는 입헌군주제 국가이다. 언어는 말레이어가 국어이며, 영어를 공용어로 사용한다. 말레이어는 인도네시아어와 매우 유사한 부분들이 많지만, 사용하는 어휘들이 상당히 다르다고 할 수 있다. 중국인, 인도인이 많이 거주하고 있다.

주말레이시아 한국 대사관

주소 : No. 9 & 11, Jalan Nipah, Off Jalan Ampang, 55000 Kuala Lumpur, Malaysia
전화번호 : (603) 4251-2336
Fax : (603) 4252-1425

싱가포르

수도는 싱가포르. 시차는 −1시간. 통화는 싱가포르 달러. 말레이어가 국어이며, 공용어는 영어, 중국어, 타밀어이다. 아시아 동남부 말레이반도 최남단에 있는 공화국으로 불교신자들이 가장 많으며, 동남아시아 지역의 금융 중심지이다.

주싱가포르 한국 대사관

주소 : 47 Scotts Road Goldbell Tower Singapore 228233
전화번호 : (65) 6256-1188 Fax : (65) 6254-3191

브루나이

수도는 반다르스리브가완. 시차는 -1시간. 통화는 브루나이 달러 (1 BND=867.72). 공용어는 말레이어, 영어, 중국어이다. 정식 명칭은 브루나이 다루살람으로 '평화의 공동체'라는 뜻을 지니고 있다. 국토의 85%가 숲과 삼림 지대이며, 경작할 수 있는 땅은 2% 정도이나 풍부한 석유 자원과 천연가스로 인해 세계 최부국의 하나이다. 독립 즉시 영국연방에 가입했다.

주브루나이 한국 대사관

주소 : No. 17, Simpang 462 Kg. Sg. Hanching Baru, Jln Muara,
 B.S.B BC 2115
Tel : (673) 233-0248, 233-0249, 233-0250
Fax : (673) 233-0254

인사

■ 안녕하세요.
할로.
Halo.

■ 안녕하세요 (아침 / 낮 / 오후 / 저녁 / 밤).
슬라맛 빠기. / 슬라맛 시앙. / 슬라맛 소레. / 슬라맛 말람.
Selamat pagi. / Selamat siang. / Selamat sore. / Selamat malam.

■ 어떻게 지내세요?
아빠 까바르? / 바가이마나 까바르냐?
Apa kabar? / Bagaimana kabarnya?

■ 잘 지냅니다.
바익.
Baik.

■ 잘 못 지냅니다.
꾸랑 바익.
Kurang baik.

- 만나서 반갑습니다.
  스낭 브르뜨무 안다.
  Senang bertemu dengan Anda.

- 당신에 대해 자주 들었습니다.
  사야 스링 등아르 쯔리따 뜬땅 안다.
  Saya sering dengar cerita tentang Anda.

- 다음에 봐요.
  삼빠이 브르뜨무 라기.
  Sampai jumpa lagi.

- 언제 또 만날까요?
  까빤 브르뜨무 라기 야?
  Kapan bertemu lagi ya?

- 안녕히 가세요.
  슬라맛 잘란.
  Selamat jalan.

- 안녕히 계세요(영영 헤어지거나 오랫동안 못보게 될 경우).
  슬라맛 띵갈.
  Selamat tinggal.

- 좀 건강해(조심해).
  자가 디리 야.
  Jaga diri ya.

- 안녕히 주무세요.
  슬라맛 띠두르.
  Selamat tidur.

- 좋은 하루 보내세요.
  스모가 하리 안다 므녀낭깐.
  Semoga hari Anda menyenangkan.

- 즐거운 여행 되세요.
  스모가 쁘르잘라난 안다 므녀낭깐.
  Semoga perjalanan Anda menyenangkan.

- 행운을 빌어요!
  스모가 브르하실.
  Semoga berhasil.

- 편히 쉬세요.
  슬라맛 이스띠라핫.
  Selamat istirahat.

감사와 사과

- 감사합니다. / 고맙습니다.
  뜨리마 까시.
  Terima kasih.

- 정말 감사합니다.
  뜨리마 까시 반약.
  Terima kasih banyak.

- 천만에요.
  사마 사마. / 끔발리.
  Sama-sama. / Kembali.

- 와주셔서 감사합니다.
  뜨리마 까시 아따스 끄다땅안냐.
  Terima kasih atas kedatangannya.

- 초대해주셔서 감사합니다.
  뜨리마 까시 아따스 운당안냐.
  Terima kasih atas undangannya.

- 도와주셔서 감사합니다.
  뜨리마 까시 아따스 반뚜안냐.
  Terima kasih atas bantuannya.

- 미안합니다. / 사과드립니다.
  민따 마아프. / 모혼 마아프.
  Minta maaf. / mohon maaf.

- 괜찮습니다.
  띠닥 아빠아빠.
  Tidak apa-apa.

- 일부러 그런 건 아닙니다.
  사야 띠닥 승아자.
  Saya tidak sengaja.

- 그건 제 잘못입니다.
  이뚜 살라 사야.
  Itu salah saya.

- 늦어서 죄송합니다.
  마아프 사야 뜨를람밧.
  Maaf saya terlambat.

- 그것에 대해 걱정하지 마세요.
  장안 하와띠르 뜬땅 이뚜.
  Jangan khawatir tentang itu.

긍정 및 부정

■ 예. / 아니요.
이야. / 띠닥. 브깐.
Iya. / Tidak.(명사 이외 부정) Bukan.(명사 부정)

■ 저도 그렇게 생각해요.
사야 주가 삐끼르 브기뚜.
Saya juga pikir begitu.

■ 저는 그렇게 생각하지 않는데요.
사야 띠닥 삐끼르 브기뚜.
Saya tidak pikir begitu.

■ 맞습니다.
브나르.
Benar.

■ 옳지 않습니다.
띠닥 브나르.
Tidak benar.

■ 모르겠습니다.
사야 띠닥 따우.
Saya tidak tahu.

- 좋은 생각이 떠오르질 않아요.
  사야 띠닥 아다 이데 바구스.
  Saya tidak ada ide bagus.

- 알겠어요(이해했어요).
  사야 믕으르띠.
  Saya mengerti.

- 아직 이해를 못했어요.
  사야 블룸 믕으르띠.
  Saya belum mengerti.

- 확신해요.
  사야 야낀.
  Saya yakin.

- 저는 당신이 옳다고 생각합니다.
  사야 아꾸이 안다 양 브나르.
  Saya akui Anda yang benar.

- 제 잘못을 인정합니다.
  사야 아꾸이 사야 양 살라.
  Saya akui saya yang salah.

- 좋은 친구가 되었으면 해요.
  사야 하랍 끼따 비사 자디 뜨만 바익.
  Saya harap kita bisa jadi teman baik.

- 제 취미는 영화보기예요.
  호비 사야 논똔 필름.
  Hobi saya nonton film.

- 결혼하셨어요?
  수다 므니까?
  Sudah menikah?

- 안 했습니다.
  블룸.
  Belum.

- 제 명함입니다.
  이니 까르뚜 나마 사야.
  Ini kartu nama saya.

질문

- 실례합니다.
  쁘르미시.
  Permisi.

- 질문 있어요?
  아다 쁘르따냐안?
  Ada pertanyaan?

- 네, 있어요. / 없어요.
  야, 아다. / 띠닥 아다.
  Ya, ada. / Tidak ada.

- 질문해도 돼요?
  볼레 따냐?
  Boleh tanya?

- 여기가 어디예요?
  디 시니 디 마나?
  Di sini di mana?

- 몇 시예요?
  잠 브라빠?
  Jam berapa?

- **오늘은 며칠이에요?**
  하리 이니 땅갈 브라빠?
  Hari ini tanggal berapa?

- **오늘 날씨가 어떻습니까?**
  바가이마나 쭈아짜 하리 이니?
  Bagaimana cuaca hari ini?

- **이건 인도네시아말로 뭐라고 하나요?**
  이니 바하사 인도네시아냐 아빠?
  Ini bahasa Indonesianya apa?

- **왜 늦었어요?**
  믕아빠 뜨를람밧?
  Mengapa terlambat?

- **이것은 무슨 뜻인가요?**
  이니 아르띠냐 아빠?
  Ini artinya apa?

- **이것은 무엇인가요? / 그것(저것)은 무엇인가요?**
  이니 아빠? / 이뚜 아빠?
  Ini apa? / Itu apa?

■ 나이가 어떻게 되세요?
우무르냐 브라빠?
Umurnya berapa?

■ 얼마예요?
하르가냐 브라빠?
Harganya berapa?

■ 어디에 사세요?
띵갈 디 마나?
Tinggal di mana?

■ 화장실은 어디인가요?
또일렛냐 디 마나?
Toiletnya di mana?

■ 그게 어디에 있지요?
이뚜 아다 디 마나?
Itu ada di mana?

■ 이 길이 어떤 길이죠?
이니 잘란 마나?
Ini jalan mana?

■ 가까운 편의점이 어디예요?
　미니 마르껫 뜨르드깟 디 마나?
　Mini market terdekat di mana?

■ 지금 뭐하고 계세요?
　스당 아빠?
　Sedang apa?

■ 왜 그렇게 생각하시나요?
　믕아빠 삐끼르 브기뚜?
　Mengapa pikir begitu?

■ 이거 무슨 맛이예요?
　이니 라사 아빠?
　Ini rasa apa?

■ 이 주소 아시나요?
　따우 알라맛 이니?
　Tahu alamat ini?

권유 및 제안

- 갑시다.
  아요 쁘르기.
  Ayo pergi.

- 우리 같이 한국에 가는 것이 어떻습니까?
  바가이마나 깔라우 끼따 끄 꼬레아 브르사마?
  Bagaimana kalau kita ke Korea bersama?

- 쇼핑하는 게 어때요?
  바가이마나 깔라우 끼따 블란자?
  Bagaimana kalau kita belanja?

- 우리 점심이나 같이 할래요?
  바가이마나 깔라우 끼따 마깐 시앙 브르사마?
  Bagaimana kalau kita makan siang bersama?

- 그곳에 가지 않을래요?
  바가이마나 깔라우 끼따 쁘르기 끄 시뚜?
  Bagaimana kalau kita pergi ke situ?

- 결정하셨나요?
  수다 디뿌뚜스깐?
  Sudah diputuskan?

- 피자 먹으러 갈까요?
  바가이마나 깔라우 끼따 쁘르기 마깐 삐짜?
  Bagaimana kalau kita pergi makan pizza?

- 제가 점심을 대접하고 싶어요.
  사야 잉인 뜨락띠르 마깐 시앙.
  Saya ingin traktir makan siang.

- 박물관에 가는 것이 낫겠어요.
  안다 르비 바익 끄 무세움.
  Anda lebih baik ke museum.

- 동물원에 가고 싶습니다.
  사야 잉인 끄 끄분 비나땅.
  Saya ingin ke kebun binatang.

- 테니스를 치고 싶어요.
  사야 잉인 마인 떼니스.
  Saya ingin main tenis.

- 동행해 줄 수 있나요?
  비사 뜨마니 사야?
  Bisa temani saya?

■ 제가 동행하겠습니다.
  사야 아깐 뜨마니 안다.
  Saya akan temani Anda.

■ 이 주소로 저를 데려가 주세요.
  똘롱 안따르 사야 끄 알라맛 이니.
  Tolong antar saya ke alamat ini.

■ 함께 갑시다.
  아요 끼따 쁘르기 브르사마.
  Ayo kita pergi bersama.

■ 저는 스테이크를 추천합니다.
  사야 사란깐 안다 운뚝 쪼바 스테익.
  Saya sarankan Anda untuk coba steak.

■ 각자 계산합시다.
  아요 끼따 바야르 마싱마싱.
  Ayo kita bayar masing-masing.

부탁 및 허락

■ 실례합니다.
쁘르미시.
Permisi.

■ 도와주시겠어요?
비사 반뚜 사야?
Bisa bantu saya?

■ 저 좀 도와주세요.
똘롱 반뚜 사야.
Tolong bantu saya.

■ 들어가도 되나요?
볼레 사야 마숙?
Boleh saya masuk?

■ 여기 앉아도 되나요?
볼레 두둑 디 시니?
Boleh duduk di sini?

■ 네, 됩니다. / 안 됩니다.
야, 실라깐. / 띠닥 볼레.
Ya, silakan. / tidak boleh.

■ 부탁합니다.
민따 똘롱 야.
Minta tolong ya.

■ 물론이죠.
뜬뚜 사자.
Tentu saja.

■ 기꺼이 도와드리죠.
사야 아깐 반뚜 등안 스낭 하띠.
Saya akan bantu dengan senang hati.

■ 도움이 필요하면 저에게 알려주세요.
깔라우 쁘를루 반뚜안 실라깐 브리따우 사야.
Kalau perlu bantuan, silakan beri tahu saya.

■ 물어볼 게 있어요.
아다 양 잉인 사야 따냐깐.
Ada yang ingin saya tanyakan.

■ 무엇을 도와드릴까요?
아빠 양 비사 사야 반뚜?
Apa yang bisa saya bantu?

■ 거기로 가는 방법 좀 알려주시겠어요?
볼레 안다 브리따우 사야 바가이마나
운뚝 삼빠이 끄 사나?

Boleh Anda beritahu saya bagaimana untuk sampai ke sana?

■ 방 좀 보여주실 수 있으세요?
볼레 사야 리핫 까마르냐?

Boleh saya lihat kamarnya?

■ 잠시 지나가도 될까요?
볼레 사야 레왓?

Boleh saya lewat?

■ 전화 좀 빌릴 수 있을까요?
볼레 삔잠 뗄레뽄?

Boleh pinjam telepon?

■ 조용히 해주세요.
똘롱 장안 리붓.

Tolong jangan ribut.

2

출국 및 기내 정보

기내 필수 표현

자리 찾기

좌석 이용

음료 요청

기내식

기타 서비스

기내 위기 대처

입국 신고서 작성

기내 쇼핑

기내 주요 단어

기내에서

드디어 출발합니다.
두근거리는 마음과 약간의 긴장이 여행을 더욱 설레게 하는데요.
여기서는 제일 먼저 쓰게 될 기내 표현을 알려드립니다.

출국 및 기내정보

출국 수속

공항에 도착하면 3층 운항 정보 안내 모니터에서 항공사를 확인한 후 해당 탑승 수속 카운터로 이동. 탑승 수속을 밟는다.

1. 항공사 카운터에서 탑승 수속 (좌석 배정, 창가, 복도 자리 선택 가능/수하물 보내기)
2. 해당자는 병무/ 검역 신고(여행자 예방 접종 및 동물 검역)
3. 출입국 신고서 작성
4. 세관 신고 (미화 1만 불 초과하는 여행 경비 휴대 반출시)
5. 보안 검색 (기내 반입 금지 물품 확인-무기류, 유독성, 인화성 물질/액체, 분무, 겔류-지퍼락 보관)
6. 출국 심사 – 여권, 탑승권, 출국 신고서 제출하기
7. 면세점 쇼핑
8. 탑승권에 적힌 게이트로 이동 항공기 탑승

항공 일정 변동 및 취소시 대처법

얼마나 지연되는지 체크한 후 여행지로 연락하여 호텔, 식당, 렌터카 등 예약에 문제가 생기지 않도록 조치한다. 지연과 결항의 경우, 다른 항공으로 안내받게 되면 기다리는 시간에 따라 음료와 식사를 보상받을 수 있다.

2시간 지연
음료수, 식사 등 제공

당일 운항이 불가능할 경우
호텔, 교통편, 식사, 음료수 등 제공. 경우에 따라 상기의 보상 외 현금이나 당 항공사 재이용시 이용할 수 있는 일정 금액의 쿠폰 보상으로 제공

이것만큼은 반드시!

- 모르는 사람이 수화물을 부탁할 때, 냉정하게 거절하기!
- 부탁받은 가방에서 마약이 발견될 경우, 외국 수사 당국은 무조건 마약 운반으로 간주하고 처벌한다.

기내 필수 표현

_____ 은(는) 어디에 있나요?

디 마나 _____?
Di mana _____?

□ 자리 뜸빳 두둑 tempat duduk	□ 기내 화장실 또일렛 toilet	□ 신문 꼬란 koran
□ 잡지 마잘라 majalah	□ 짐 바가시 bagasi	□ 헤드폰 헤드폰 headphone
□ 담요(모포) 슬리뭇 selimut	□ 슬리퍼 산달 sandal	□ 베개 반딸 bantal

_____ 을(를) 주세요.

민따 _____ .
Minta _____ .

□ 양식 마까난 바랏	□ 커피 꼬피	□ 주스 주스
makanan barat	kopi	jus
□ 우유 수수	□ 탄산음료 미누만 소다	□ 볼펜 뿔뻰
susu	minuman soda	pulpen
□ 맥주 비르	□ 와인 와인	□ 차 떼
bir	wine	teh

자리 찾기

■ 제 자리는 어디인가요?
디 마나 뜸빳 두둑 사야?
Di mana tempat duduk saya?

■ 여깁니다.
디 시니.
Di sini.

■ 손님 좌석은 앞쪽입니다.
뜸빳 두둑 안다 아다 디 바기안 드빤.
Tempat duduk Anda ada di bagian depan.

■ 자리를 바꿔도 될까요?
볼레 사야 뚜까르 뜸빳 두둑 사야?
Boleh saya tukar tempat duduk saya?

■ 창가 자리로 옮겨도 될까요?
볼레 사야 삔다 끄 드깟 즌델라?
Boleh saya pindah ke dekat jendela?

■ 제 친구 옆에 앉고 싶어요.
사야 마우 두둑 디 스블라 뜨만 사야.
Saya mau duduk di sebelah teman saya.

좌석 이용

■ 여기요(승무원을 부를 때).
쁘르미시.
Permisi.

■ 의자를 뒤로 젖혀도 될까요?
볼레 사야 르바깐 산다란 꾸르시 사야?
Boleh saya rebahkan sandaran kursi saya?

■ 휴대폰을 꺼주세요.
똘롱 마띠깐 하뻬.
Tolong matikan HP.

■ 전자 제품의 스위치를 꺼주세요.
똘롱 마띠깐 알랏 엘렉뜨로닉.
Tolong matikan alat elektronik.

■ 안전벨트를 매주십시오.
똘롱 끄나깐 사북 뻥아만 안다.
Tolong kenakan sabuk pengaman Anda.

■ 제 자리를 발로 차지 말아주세요.
똘롱 장안 뜬당 꾸르시 사야.
Tolong jangan tendang kursi saya.

음료 요청

■ 어떤 음료수가 있나요?
아다 미누만 아빠 사자?
Ada minuman apa saja?

■ 커피 주세요.
민따 꼬삐.
Minta kopi.

■ 맥주 주세요.
민따 비르.
Minta bir.

■ 와인 주세요.
민따 와인.
Minta wine.

■ 한 잔 더 주시겠어요?
볼레 민따 스글라스 라기?
Boleh minta segelas lagi?

■ 한 잔 더 드릴까요?
마우 땀바 스글라스 라기?
Mau tambah segelas lagi?

기내식

- 어떤 음식이 있어요?
  아다 마까난 아빠 사자?
  Ada makanan apa saja?

- 지금 식사해도 될까요?
  볼레 사야 마깐 스까랑?
  Boleh saya makan sekarang?

- 나중에 먹어도 될까요?
  볼레 사야 마깐 난띠?
  Boleh saya makan nanti?

- 소고기와 생선 중에 어느 것으로 드릴까요?
  마우 다깅 사삐 아따우 이깐?
  Mau daging sapi atau ikan?

- 소고기로 주세요.
  다깅 사삐 사자.
  Daging sapi saja.

- 한식으로 주세요.
  민따 마까난 꼬레아.
  Minta makanan Korea.

■ 양식으로 주세요.
   민따 마까난 바랏.
   Minta makanan Barat.

■ 인도네시아 음식으로 주세요.
   민따 마까난 인도네시아.
   Minta makanan Indonesia.

■ 저는 채식주의자입니다.
   사야 베즈따리안.
   Saya vegetarian.

■ 식사 다 하셨습니까?
   수다 슬르사이 마깐?
   Sudah selesai makan?

■ 아니요, 아직요. / 예, 잘 먹었어요.
   블룸. / 이야, 마까난냐 에낙.
   Beulm. / Iya, makanannya enak.

기타 서비스

■ 모포(담요) 주세요.
민따 슬리뭇.
Minta selimut.

■ 베게 주세요.
민따 반딸.
Minta bantal.

■ 한국어 신문 주세요.
민따 꼬란 브르바하사 꼬레아.
Minta koran berbahasa Korea.

■ 볼펜 하나 주세요.
민따 뿔뻰.
Minta pulpen.

■ 예, 잠시만 기다려주세요.
이야, 똘롱 디뚱구 스븐따르.
Iya, tolong ditunggu sebentar.

■ 언제쯤 도착해요?
끼라끼라 까빤 삼빠이냐?
Kira-kira kapan sampainya?

- 여기 좀 치워주세요.
  똘롱 브르시깐 디 시니.
  Tolong bersihkan di sini.

- 무선 인터넷을 사용하고 싶어요.
  사야 마우 빠까이 와이파이.
  Saya mau pakai wifi.

- 영화 보고 싶어요.
  사야 마우 논똔 필름.
  Saya mau nonton film.

- 음악 듣고 싶어요.
  사야 마우 등아르 무식.
  Saya mau dengar musik.

- 이것은 유료입니까?
  이니 하루스 디바야르?
  Ini harus dibayar?

- 헤드폰이 고장났어요.
  헤드폰냐 루삭.
  Headphonenya rusak.

- 에어컨을 어떻게 조정하나요?
  바가이마나 짜라냐 믕아뚜르 아쎄?

  Bagaimana caranya mengatur AC?

- 짐칸에 제 가방 좀 넣어주세요.
  똘롱 마숙깐 따스 사야 끄 까빈.

  Tolong masukkan tas saya ke kabin.

- 어디에서 핸드폰 충전을 할 수 있죠?
  디 마나 비사 짜스 하뻬?

  Di mana bisa cas Hp?

- 에어컨 냉방 좀 세게 해주세요.
  민따 땀바깐 아쎄냐.

  Minta Tambahkan ACnya.

- 에어컨 냉방 좀 줄여주세요.
  민따 끄찔깐 아쎄냐.

  Minta Kecilkan ACnya.

기내 위기 대처

- 몸이 좀 불편해요.
  꾸랑 에낙 바단.
  Kurang enak badan.

- 배가 아파요.
  사야 사낏 뿌룻.
  Saya sakit perut.

- 열이 나요.
  사야 드맘.
  Saya demam.

- 머리가 아파요.
  사야 사낏 끄빨라.
  Saya sakit kepala.

- 숨쉬기가 곤란해요.
  사야 수사 브르나빠스.
  Saya susah bernapas.

- 속이 안 좋아요.
  뿌룻 사야 띠닥 에낙.
  Perut saya tidak enak.

- 멀미가 날 것 같아요.
  사야 므라사 무알.
  Saya merasa mual.

- 멀미약이 있나요?
  아다 오밧 안띠 마북?
  Ada obat anti mabuk?

- 약이 필요하신가요?
  안다 쁘를루 오밧?
  Anda perlu obat?

- 약 좀 주세요.
  민따 오밧.
  Minta obat.

- 멀미 봉투 있나요?
  아다 깐똥 쁠라스띡 운뚝 마북 우다라?
  Ada kantong plastik untuk mabuk udara?

- 너무 추워요.
  딩인 스깔리.
  Dingin sekali.

입국 신고서 작성

■ 이 서류를 작성해주십시오.
똘롱 디이시 포르물리르 이니.
Tolong diisi formulir ini.

■ 볼펜 좀 빌려주실래요?
볼레 사야 삔잠 뿔뻰?
Boleh saya pinjam pulpen?

■ 이렇게 하면 되나요?
이니 브나르?
Ini benar?

■ 작성한 것 좀 봐주세요.
똘롱 디쩩.
Tolong dicek.

■ 쓰는 것을 도와주세요.
똘롱 반뚜 사야 운뚝 믕이시냐.
Tolong bantu saya untuk mengisinya.

■ 입국 신고서 한 장 더 주세요.
민따 까루뚜 이미그라시냐 사뚜 라기 운뚝 끄다땅안.
Minta kartu imigrasinya satu lagi untuk kedatangan.

기내 쇼핑

■ 면세품을 사고 싶어요.
　사야 잉인 블리 바랑 베바스 빠작.
　Saya ingin beli barang bebas pajak.

■ 몇 퍼센트 할인이 됐나요?
　디스꼰냐 브라빠 쁘르센?
　Diskonnya berapa persen?

■ 이 제품 좀 보여주세요.
　똘롱 뚠죽깐 쁘로둑 이니.
　Tolong tunjukkan produk ini.

■ 신용 카드로 계산할 수 있죠?
　비사 사야 바야르 빠까이 까르뚜 끄레딧?
　Bisa saya bayar pakai kartu kredit?

■ 한국 돈으로 계산할 수 있나요?
　비사 사야 바야르 빠까이 우앙 꼬레아?
　Bisa saya bayar pakai uang Korea?

■ 이걸로 주세요.
　민따 이니.
　Minta ini.

기내 주요 단어

기내

좌석	뜸빳 두둑	tempat duduk
안전벨트	사북 뻥아만	sabuk pengaman
창가쪽 좌석	뜸빳 두둑 드깟 즌델라	tempat duduk dekat jendela
통로쪽 좌석	뜸빳 두둑 드깟 로롱	tempat duduk dekat lorong
트레이	남빤	nampan
비상 출구	삔뚜 다루랏	pintu darurat
화장실	또일렛	toilet
사용 중	디빠까이	dipakai
비었음	꼬송	kosong
독서등	람뿌 바짜	lampu baca
기내식	마까난 디 쁘사왓	makanan di pesawat
호출 버튼	똠볼 빵길	tombol panggil
기장	깝뜬	kapten
여승무원	쁘라무가리	pramugari
남승무원	쁘라무가라	pramugara
무료의	그라띠스	gratis
구명 조끼	자껫 쁠람뽕	jaket pelampung

기타

좌석 등급	끌라스	kelas
일반석	끌라스 에꼬노미	kelas ekomoni
논스톱	랑숭	langsung
귀국행	운뚝 쁘르잘라난 뿔랑	untuk perjalanan pulang
대기자 명단	다프따르 뚱구	daftar tunggu
예약 번호	노모르 쁘므사난	nomor pemesanan
출발일	땅갈 끄브랑까딴	tanggal keberangkatan
항공사 카운터	로껫 쁘느르방안	loket penerbangan
세관 신고서	라뽀란 베아 쭈까이	laporan bea cukai
출입국 신고서	까르뚜 이미그라시	kartu imigrasi

3

입국 정보
공항 필수 표현
경유 및 환승
입국 심사
짐 찾기
세관 검사
환전
공항 안내소
공항 주요 단어

공항에서

드디어 꿈꾸던 여행지에 도착했어요. 흥분되는 마음에 무작정 뛰쳐나갈 수는 없는 거 아시죠?
입국 심사와 세관 검사 등 몇 가지 심사를 통과해야 하는데요. 생각만큼 어렵지 않으니까 겁먹지 마시구요.
이때 어떤 말을 해야 하는지 차분히 확인해 볼까요?

입국 정보

입국 절차

도착 전 기내 서류 작성 → 게이트 → 입국 심사 → 수하물 수취 → 세관 검사 → 도착 로비 입국 심사

입국 심사

여러 개의 입국 심사대 중에서 외국인이라고 표시된 입국 심사대로 간다. 입국 카드와 비자가 든 여권을 제시하면 비자 체크 후, 출국 카드를 여권에 붙여준다. 이때 출국 카드는 출국 때까지 잃어버리지 않도록 한다.

짐 찾기

입국 심사를 마치고 짐 찾는 곳으로 가서 자신이 타고 온 비행기의 편명이 적힌 턴테이블에서 기다리면 수화물이 나온다. 이때 여행 가방이 비슷한 경우 바뀔 염려가 있으니 미리 자신의 짐임을 확인할 수 있는 표시를 해두는 것이 좋다.

세관

짐을 다 찾으면 세관 카운터에 가서 직원에게 짐과 여권, 비행기에서 작성해 두었던 세관 신고서를 보여준다. 일반 관광객이면 검사 없이 그대로 통과하는 경우가 많다. 이곳에서 주로 질문하는 것은 신고할 것이 있는가와 식료품을 가지고 있는가 등이다.

입국 신고서 작성 예시

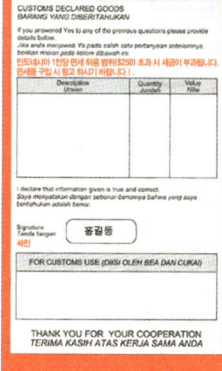

공항 필수 표현

~은(는) 몇시입니까?

잠 브라빠~?
Jam berapa~?

□ 출발 꼬브랑까딴 keberangkatan	□ 탑승 마숙 쁘사왓 masuk pesawat	□ 면세점 또조 베바스 빠작 toko bebas pajak
□ 착륙 쁜다라딴 pendaratan	□ 체크인 쩩 인 check-in	□ 발권 쁘느르비딴 띠껫 penerbitan tiket
□ 체크아웃 쩩 아웃 check-out	□ 마지막 비행기 쁘느르방안 뜨르아히르 penerbangan terakhir	□ 첫 비행기 쁘느르방안 쁘르따마 penerbangan pertama

이것은 ~입니다.

이니 ~.
Ini ~.

▫ 선물 올레올레 oleh-oleh	▫ 여권 빠스뽀르 paspor	▫ 비자 피사 visa
▫ 사진 포또 foto	▫ 카트 끄레타 도롱 kereta dorong	▫ 티켓 띠껫 tiket
▫ 생필품 바랑 끄쁘를루안 barang keperluan	▫ 이름표 네임 땍 name tag	▫ 신고서 포르물리르 데끌라라시 formulir deklarasi

필수 표현 / 기내 / 공항 / 교통 / 음식 / 숙박 / 관광 / 쇼핑 / 공공시설 / 위기대처 / 귀국 / 유용한 표현

경유 및 환승

■ 저는 여기서 갈아타야 해요.
사야 하루스 뜨란싯 디 시니.

Saya harus transit di sini.

■ 어디서 갈아타야 하나요?
하루스 뜨란싯 디 마나?

Harus transit di mana?

■ 몇 번 출구로 가야 하나요?
하루스 끄 삔뚜 끌루아르 노모르 브라빠?

Harus ke pintu keluar nomor berapa?

■ 탑승은 몇 시부터인가요?
물라이 잠 브라빠 마숙 끄 쁘사왓?

Mulai Jam berapa masuk ke pesawat?

■ 비행기를 놓쳤어요.
사야 끄띵갈란 쁘사왓.

Saya ketinggalan pesawat.

■ 비행기 스케줄을 다시 잡아주세요.
똘롱 짜리깐 자드왈 쁘느르방안 라기.

Tolong carikan jadwal penerbangan lagi.

입국 심사

- 여권을 보여주십시오.
  똘롱 뚠죽깐 빠스뽀르 안다.
  Tolong tunjukkan paspor Anda.

- 여기 있습니다.
  이니 디아.
  Ini dia.

- 방문 목적이 무엇입니까?
  아빠 뚜주안 끄다땅안 안다?
  Apa tujuan kedatangan Anda?

- 관광입니다.
  운뚝 브르위사따.
  Untuk berwisata.

- 여행을 왔습니다.
  운뚝 브를리부르.
  Untuk berlibur.

- 사업차 왔습니다.
  운뚝 끄쁜띵안 비스니스.
  Untuk kepentingan bisnis.

■ 입국 신고서를 보여주세요.
똘롱 뚠죽깐 까르뚜 이미그라시 끄띠바안 안다.

Tolong tunjukkan kartu imigrasi ketibaan Anda.

■ 여기에서 얼마나 머무르실 겁니까?
브라빠 라마 안다 아깐 띵갈 디 시니?

Berapa lama Anda akan tinggal di sini?

■ 5일이요.
리마 하리 사자.

Lima hari saja.

■ 어디에서 머무르실 예정입니까?
디 마나 안다 아깐 띵갈?

Di mana Anda akan tinggal?

■ 인도네시아 호텔이요.
디 호뗄 인도네시아.

Di hotel Indonesia.

■ 아직 정하지 못했습니다.
블룸 디뜬뚜깐.

Belum ditentukan.

짐 찾기

■ 짐은 어디에서 찾습니까?
디 마나 뜸빳냐 운뚝 암빌 바가시?
Di mana tempatnya untuk ambil bagasi?

■ 어느 비행기로 오셨습니까?
등안 쁘느르방안 아빠?
Dengan penerbangan apa?

■ 제 짐이 파손됐어요.
바랑 사야 루삭.
Barang saya rusak.

■ 짐을 잃어버렸어요.
바가시 사야 힐랑.
Bagasi saya hilang.

■ 수하물 영수증이 있으신가요?
안다 뿌냐 딴다 뜨리마 바가시냐?
Anda punya tanda terima bagasinya?

■ 분실물 센터는 어디인가요?
디 마나 뿌삿 쁠라뽀란 바랑 힐랑?
Di mana pusat pelaporan barang hilang?

세관 검사

■ 세관 신고서를 보여주십시오.
똘롱 뚠죽깐 라뽀란 베아 쭈까이.
Tolong tunjukkan laporan bea cukai.

■ 세관 신고서를 작성해주세요.
똘롱 안다 이시 라뽀란 베아 쭈까이.
Tolong Anda isi laporan bea cukai.

■ 쓰는 것을 도와주세요.
똘롱 반뚜 사야 운뚝 믕이시냐.
Tolong bantu saya untuk mengisinya.

■ 신고할 것이 있습니까?
아다 양 쁘를루 딜라뽀르깐?
Ada yang perlu dilaporkan?

■ 없습니다.
띠닥 아다.
Tidak ada.

■ 이 가방을 열어주시겠습니까?
비사 부까 따스 이니?
Bisa buka tas ini?

■ 그러죠.
뜬뚜 사자.
Tentu saja.

■ 가방 안에 뭐가 들어있나요?
아빠 이시 디 달람 따스 이니?
Apa isi di dalam tas ini ?

■ 이것은 무엇입니까?
이니 아빠?
Ini apa?

■ 이것은 가족에게 줄 기념품이예요.
이니 올레올레 운뚝 끌루아르가 사야.
Ini oleh-oleh untuk keluarga saya.

■ 그것은 제가 쓸 물건인데요.
이니 바랑 사야.
Ini barang saya.

■ 저것은 가지고 갈 수 없습니다.
안다 띠닥 볼레 바와 이뚜.
Anda tidak boleh bawa itu.

환전

■ 은행은 어디에 있나요?
방냐 디 마나?
Banknya di mana?

■ 환전해주세요.
똘롱 뚜까르 우앙.
Tolong tukar uang.

■ 이 수표를 현금으로 바꿔주세요.
똘롱 뚜까르 쩩 이니 등안 우앙 뚜나이.
Tolong tukar cek ini dengan uang tunai.

■ 이 돈을 루피아로 바꿔주세요.
똘롱 뚜까르 우앙 이니 등안 루삐아.
Tolong tukar uang ini dengan Rupiah.

■ 어떻게 바꿔 드릴까요?
마우 디뚜까르 바가이마나?
Mau ditukar bagaimana?

■ 모두 십만 루피아짜리로 바꿔주세요.
똘롱 뚜까르깐 등안 쁘짜한 스라뚜스 리부안.
Tolong tukarkan dengan pecahan seratus ribuan.

■ 환율이 어떻게 됩니까?
브라빠 닐라이 뚜까르 마따 우앙?

Berapa nilai tukar mata uang?

■ 여행자 수표를 현금화하려고 하는데요.
사야 잉인 뚜까르 쩩 쁘르잘라난 이니 등안 우앙 뚜나이.

Saya ingin tukar cek perjalanan ini dengan uang tunai.

■ 알겠습니다. 여기에 사인해주세요.
아야. 똘롱 딴다 땅안 디 시니.

Iya. Tolong tanda tangan di sini.

■ 얼마를 환전하시겠습니까?
브라빠 양 안다 마우 뚜까르깐?

Berapa yang Anda mau tukarkan?

■ 백만 루피아를 바꿔주세요.
똘롱 뚜까르 사뚜 주따 루삐아.

Tolong tukar satu juta rupiah.

■ 신분증을 보여주시겠습니까?
비사 뚠죽깐 까르뚜 이덴띠따스 안다?

Bisa tunjukkan kartu identitas Anda?

공항 안내소

■ 안내소는 어디에 있나요?
디 마나 루앙 인포르마시냐?
Di mana ruang informasinya?

■ 시내로 가는 버스를 어디서 탈 수 있죠?
디 마나 비사 눔빵 부스 므누주 뿌삿 꼬따?
Di mana bisa numpang bus menuju pusat kota?

■ 택시를 타는 곳이 어디인가요?
디 마나 비사 눔빵 딱시?
Di mana bisa numpang taksi?

■ 핸드폰을 빌릴 수 있는 곳은 어디인가요?
디 마나 뜸빳 양 비사 삔잠 하뻬?
Di mana tempat yang bisa pinjam HP?

■ 공중전화는 어디에 있나요?
디 마나 뗄레뽄 우뭄냐?
Di mana telepon umumnya?

■ 택시를 불러주세요.
똘롱 빵길 딱시.
Tolong panggil taksi.

■ 호텔 리스트 좀 주세요.
민따 다프따르 호뗄냐.
Minta daftar hotelnya.

■ 저렴한 호텔 좀 추천해주실 수 있나요?
비사 안다 레꼬멘다시깐 호뗄 무라?
Bisa Anda rekomendasikan hotel murah?

■ 여기서 호텔방 예약이 가능한가요?
비사 사야 레스르파시 까마르 호뗄 디 시니?
Bisa saya reservasi kamar hotel di sini?

■ 예약을 해주실 수 있나요?
비사 안다 레스르파시 운뚝 사야?
Bisa Anda reservasi untuk saya?

■ 약도를 그려주실 수 있나요?
비사 안다 감바르깐 쁘따냐 운뚝 사야?
Bisa Anda gambarkan petanya untuk saya?

공항 주요 단어

입국 심사

입국 심사	쁘므릭사안 이미그라시	pemeriksaan imigrasi
입국 카드	까르뚜 이미그라시	kartu imigrasi
방문 목적	뚜주안 끄다땅안	tujuan kedatangan
여행	리부르	libur
관광	위사따	wisata
업무	비스니스	bisnis
유학	블라자르	belajar
회사원	쁘가와이	pegawai
학생	쁠라자르	pelajar

공항

출발 입구	삔뚜 끄브랑까딴	pintu keberangkatan
도착 입구	삔뚜 끄띠바안	pintu ketibaan
카트	끄레따 도롱	kereta dorong
환전소	뜸빳 쁘누까란 우앙	tempat penukaran uang
관광 안내소	뜸빳 인포르마시 위사따	tempat informasi wisata

4

교통 정보

교통 필수 표현

택시

버스

열차

렌터카

자동차 서비스

교통 주요 단어

교통 수단의 이용

본격적인 여행이 시작되었습니다. 느긋하게 도보 여행을 하기로 마음 먹지 않은 이상, 하나라도 더 보기 위해 촌각을 다투는 여행자라면 교통 수단을 적절히 이용하게 마련이죠.
이때 어떠한 말들을 써야 하는지 알아볼까요?

교통 정보

인도네시아의 교통 수단은 크게 장거리 이동시에는 국내 저가 항공이나 기차를 이용하며 단거리 이동시에는 버스(트랜스 자카르타), 택시, 앙꼿, 베짝, 오젝, 바자이 등을 이용할 수 있다.
인도네시아에는 지하철이 없기 때문에 트랜스 자카르타 버스 노선이 지하철 노선을 대신하고 있고, 현지인들은 오토바이나 앙꼿을 주로 이용하지만, 외국인들은 택시나 시내 버스를 이용하는 편이다.(2016년 8월 현재 자카르타에 지하철이 건설되고 있다.)

항공기

많은 섬으로 이루어진 인도네시아를 여행하기 위해서는 비행기를 이용하는 것이 가장 편리하다. 인도네시아 가루다 항공을 비롯한 인도네시아 국내 항공사들이 각 섬과 도시 사이를 연결하고 있다.

기차

인도네시아는 섬나라이기 때문에 철도 노선이 잘 발달되어 있는 편은 아니지만 자바섬과 수마트라섬에서는 편리하게 이용할 수 있는 교통 수단이다. 1~3등석이 있으며 야간 특급 열차 등이 잘 운행되고 있다.

버스

시간적인 여유가 좀 더 있고 인도네시아의 정취를 느껴보고 싶다면 버스를 이용해 보는 것도 좋다. 각 주요 도시와 소도시를 잇는 급행 버스와 야간 버스가 운행되고 있으며, 큰 섬 간에는 버스를 싣는 페리와 연결되어 있는 경우도 많다.

트랜스 자카르타(버스)

수도인 자카르타 시내를 돌 수 있는 버스이다. 트랜스 자카르타는 정액제(환승 무한정) - 보통 3,500Rp / 새벽 2,000Rp. 현금지불 안되고 교통카드 구매하여 사용

택시

택시는 현재 블루버드는 7,500Rp, 익스프레스, 탁시꾸, 트랜스캡(한국산 기아자동차만 사용하는 택시회사) 등은 전부 기본요금이 7,000Rp 부터랍니다. 실버버드는 15,000Rp가 기본요금이며 추가요금도 일반택시보다 두배 정도 빨리 올라갑니다.

택시에 다른 사람이 타고 있다가 강도짓을 하거나, 기사가 물건을 빼앗고 길 한가운데 승객을 버리는 등의 사건사고가 자주 일어납니다. 제일 안전한건 실버버드나 블루버드이고, 그 외의 택시를 이용할 경우에는 늘 조심하고 경계해야 합니다. 상표가 없는 개인용 택시는 가급적 피하는게 좋습니다.

앙꽁 Angkok

우리나라의 마을 버스와 비슷하다. 문과 창문이 모두 열려 있는 것이 특징이고, 안은 매우 비좁다. 짧은 거리는 4,000Rp에서 5,000Rp까지 받으며 보통 목적지까지 데려다줍니다. 개인이 운영

하는 미니버스로, 거리에 따라 요금이 다르기에 탑승 전에 기사에게 행선지를 말하고, 요금을 안내받도록 합니다. 좁은 길들을 통해 운행되어 구석구석 정차할 수 있기에 현지인들이 많이 사용하는 교통수단입니다.

버스 (꼬빠자)

버스(꼬빠자 Bus kopaja)의 요금은 일반 버스는 4,000Rp 이고, 에어컨 있는 버스는 6,000Rp입니다.

베짝 Becak

자전거를 개조해서 만든 교통 수단으로 인력거와 비슷하다. 시내에서는 보기 힘들고, 외곽이나 소도시에서 주로 볼 수 있다. 요금은 보통 기본 10,000Rp 이상이며, 거리에 따라 요금이 조정되므로 적당한 선에서 가격협상을 해야 합니다.

오젝 Ojek

영업용 오토바이이며 주로 혼자 짧은 거리를 이동할 때 이용한다. 요금은 부르는 게 값이니 흥정을 잘해야 큰 손해를 보지 않는다. 자카르타 시내에서 현지인도 많이 사용하

는 교통수단이다. 교통 혼잡이 심한 자카르타에서 택시나 버스, 개인차량 보다도 오젝이 더욱 기동력이 뛰어날 때가 많기 때문이다. 가격은 보통 15,000Rp 이상이며 거리에 따라 요금이 달라진다. 오젝 기사와 가격 협상을 잘하면, 교통혼잡이 심할 때는 오히려 택시보다 저렴하고 빠르게 갈 수 있는 경우도 있다.

바자이 Bajaj

오토바이를 개조한 교통 수단이다. 삼륜 택시라고 할 수 있는데, 교통 체증이 심할 때 이용하면 보다 빠르고 안전하게 이동할 수 있다는 장점이 있다.

- 위의 내용은 자카르타 기준이며 교통수단 이용 및 가격 정보는 제 2의 도시인 수라바야나 최고의 관광지인 발리 등 지역에 따라 조금 차이가 날 수 있습니다.

교통 필수 표현

~타는 곳이 어디예요?

디 마나 비사 나익~?
Di mana bisa naik~?

□ 택시 딱시 taksi	□ 버스 부스 bus	□ 기차 끄레따 아삐 kereta api
□ 렌터카 모빌 세와안 mobil sewaan	□ 엘리베이터 리프뜨 lift	□ 배 까빨 kapal
□ 마을 버스 앙꼿 angkot	□ 에스컬레이터 에스깔라또르 eskalator	□ 오토바이 스뻬다 모또르 sepeda motor

~로(으로) 가주세요

똘롱 끄~
Tolong ke~

□ 호텔 호뗄 hotel	□ 터미널 뜨르미날 terminal	□ 대사관 끄두따안 브사르 kedutaan besar
□ 공항 반다라 badara	□ 게스트하우스 게스트하우스 guest house	□ 식당 레스또란 restoran
□ 버스 정류장 쁘르흔띠안 부스 perhentian bus	□ 동물원 끄분 비나땅 kebun binatang	□ 이 주소 알라맛 이니 alamat ini

필수 표현 · 기내 · 공항 · 교통 · 음식 · 숙박 · 관광 · 쇼핑 · 공공시설 · 위기대처 · 귀국 · 유용한 표현

택시

■ 어디로 모실까요?
마우 끄 마나?
Mau ke mana?

■ 인도네시아 호텔로 가주세요.
똘롱 끄 호뗄 인도네시아.
Tolong ke Hotel Indonesia.

■ 이 주소 아시나요?
따우 알라맛 이니?
Tahu alamat ini?

■ 이 주소로 가주세요.
똘롱 끄 알라맛 이니.
Tolong ke alamat ini.

■ 빨리 가주세요.
똘롱 쯔빳.
Tolong cepat.

■ 서둘러야 해요.
사야 부루부루.
Saya buru-buru.

■ 천천히 가주세요.
똘롱 쁠란쁠란 사자.
Tolong pelan-pelan saja.

■ 네.
이야.
Iya.

■ 다 왔습니다.
수다 삼빠이.
Sudah sampai.

■ 여기서부터 시간이 얼마나 걸립니까?
다리 시니 쁘를루 왁뚜 브라빠 라마?
Dari sini perlu waktu berapa lama?

■ 가능하면 지름길로 가주세요.
깔라우 비사, 똘롱 암빌 잘란 삔따스.
Kalau bisa, tolong ambil jalan pintas.

■ 이 길이 어디로 가는 길이죠?
잘란 이니 뜸부스 끄 마나?
Jalan ini tembus ke mana?

■ 여기서 세워주세요.
똘롱 브르흔띠 디 시니.

Tolong berhenti di sini.

■ 여기서 기다려주시겠어요?
비사 뚱구 디 시니?

Bisa tunggu di sini?

■ 공항까지 얼마나 걸리나요?
브라빠 라마 삼빠이 끄 반다라?

Berapa lama sampai ke bandara?

■ 요금이 얼마죠?
브라빠 옹꼬스냐?

Berapa ongkosnya?

■ 요금이 많이 나오지 않았나요?
부깐까 옹꼬스냐 디히뚱 뜨를랄루 마할?

Bukankah ongkosnya dihitung terlalu mahal?

■ 잔돈은 가지세요.
암빌 사자 끔발리안냐.

Ambil saja kembaliannya.

버스

▪ 터미널이 어디예요?
디 마나 뜨르미날?
Di mana terminal?

▪ 버스 정류장이 어디예요?
디 마나 할뜨 부스냐?
Di mana halte busnya?

▪ 저쪽이예요.
디 사나.
Di sana.

▪ 시내로 가려면 어떤 버스를 타야 하나요?
깔로우 사야 마우 끄 꼬따 하루스 나익 부스 양 마나?
Kalau saya mau ke kota harus naik bus yang mana?

▪ 이 버스는 어디로 가나요?
부스 이니 므누주 끄 마나?
Bus ini menuju ke mana?

■ 인도네시아 호텔로 가는 버스가 몇 번이죠?
  양 마나 부스 므누주 호뗄 인도네시아?

  Yang mana bus menuju Hotel Indonesia?

■ 이 버스는 시내로 가나요?
  부스 이니 므누주 꼬따?

  Bus ini menuju kota?

■ 버스표는 어디에서 사지요?
  디 마나 비사 블리 까르찌스 부스냐?

  Di mana bisa beli karcis busnya?

■ 도착지까지 얼마나 걸리나요?
  브라빠 라마 삼빠이 디 뚜주안?

  Berapa lama sampai di tujuan?

■ 요금이 얼마입니까?
  브라빠 옹꼬스냐?

  Berapa ongkosnya?

■ 그곳에 도착하면 알려주세요.
  깔라우 수다 삼빠이 디 사나, 똘롱 브리따우 사야.

  Kalau sudah sampai di sana, tolong beritahu saya.

■ 그 버스를 어디서 탈 수 있습니까?
디 마나 비사 나익 부스 이뚜?
Di mana bisa naik bus itu?

■ 그 버스는 몇시에 출발합니까?
부스 이뚜 잠 브라빠 브랑깟?
Bus itu jam berapa berangkat?

■ 다음 버스는 몇 시에 옵니까?
까빤 부스 브리꿋냐 아깐 다땅?
Kapan bus berikutnya akan datang?

■ 블록엠에 가려면 어디서 내려야 합니까?
디 마나 사야 하루스 뚜룬 운뚝 끄 블록 엠?
Di mana saya harus turun untuk ke Blok M?

열차

■ 기차역이 어디예요?
   디 마나 스따시운냐?
   Di mana stasiunnya?

■ 표 파는 곳이 어디예요?
   디 마나 로껫 까르찌스?
   Di mana loket karcis?

■ 편도표 한 장 주세요.
   민따 사뚜 까르찌스 운뚝 스깔리 잘란.
   Minta satu karcis untuk sekali jalan.

■ 몇 등석으로 드릴까요?
   마우 끌라스 아빠?
   Mau kelas apa?

■ 이코노미석으로 주세요.
   민따 끌라스 에꼬노미.
   Minta kelas ekonomi.

■ 비즈니스석으로 주세요.
   민따 끌라스 비스니스.
   Minta kelas bisnis.

- 자카르타행 열차가 있습니까?
  아다 끄레따 므누주 자까르따?
  Ada kereta menuju Jakarta?

- 요금이 어떻게 되죠?
  브라빠 옹꼬스냐?
  Berapa ongkosnya?

- 이 열차가 자카르타행 열차입니까?
  끄레따 이니 므누주 자까르따?
  Kereta ini menuju Jakarta?

- 기차를 놓쳤어요.
  사야 끄띵갈란 끄레따 아삐.
  Saya ketinggalan kereta api.

- 기차표를 잃어버렸어요.
  사야 끄힐랑안 띠껫 끄레따 아삐.
  Saya kehilangan tiket kereta api.

- 자리 있습니까?
  아다 뜸빳 두둑?
  Ada tempat duduk?

- 기차에 가방을 놓고 내렸어요.

    사야 끄띵갈란 따스 디 끄레따 아삐.

    Saya ketinggalan tas di kereta api.

- 다음 역이 무슨 역이죠?

    스따시운 브리꿋냐 스따시운 아빠?

    Stasiun berikutnya stasiun apa?

- 기차가 정시에 오나요?

    끄레따냐 다땅 뜨빳 왁뚜?

    Keretanya datang tepat waktu?

- 여기가 어디예요?

    디 시니 디 마나?

    Di sini di mana?

- 찌르본까지 얼마나 더 걸립니까?

    브라빠 라마 라기 아깐 삼빠이 디 찌르본?

    Berapa lama lagi akan sampai di Cirebon?

렌터카

- 차를 빌리려고 하는데요.
  사야 마우 세와 모빌.
  Saya mau sewa mobil.

- 어떤 종류의 차를 원하십니까?
  마우 모빌 양 마나?
  Mau mobil yang mana?

- 소형차가 좋겠어요.
  사야 마우 모빌 양 끄찔.
  Say mau mobil yang kecil.

- 이용 요금은 하루에 얼마입니까?
  스하리 비아야냐 브라빠?
  Sehari biayanya berapa?

- 기름이 다 채워져 있나요?
  수다 뜨르마숙 벤신?
  Sudah termasuk bensin?

- 보험료가 포함되어 있습니까?
  수다 뜨르마숙 아수란시냐?
  Sudah termasuk asuransinya?

- 보증금을 걸어야 하나요?
  하루스 바야르 우앙 무까 주가?
  Harus bayar uang muka juga?

- 운전 면허증을 보여주세요.
  똘롱 뚠죽깐 심.
  Tolong tunjukkan SIM.

- 차는 어디에서 반납하나요?
  모빌냐 디끔발리깐 디 마나?
  Mobilnya dikembalikan di mana?

- 전체 요금이 얼마인가요?
  브라빠 줌라 또딸 비아야냐?
  Berapa jumlah total biayanya?

- 기름을 다 채워서 차를 반납해야 되나요?
  아빠 사야 하루스 끔빨리깐 모빌 등안 벤신 쁘누?
  Apa saya harus kembalikan mobil dengan bensin penuh?

- 운전 기사를 포함해 차를 빌리려고 합니다.
  사야 마우 세와 모빌 스깔리구스 소삐르.
  Saya mau sewa mobil sekaligus sopir.

■ 대형차가 좋겠어요.
르비 바익 모빌 브사르.

lebih baik mobil besar.

■ 렌터카는 어디서 빌리나요?
모빌 세야냐 비사 삔잠 디 마나?

mobil sewanya bisa pinjam di mana?

자동차 서비스

■ 제 차 좀 봐주시겠습니까?
비사 쁘릭사 모빌 사야?
Bisa periksa mobil saya?

■ 무슨 일입니까?
아다 마살라 아빠?
Ada masalah apa?

■ 차가 고장이 났어요.
모빌냐 루삭.
Mobilnya rusak.

■ 어디가 고장 났죠?
바기안 마나 양 루삭?
Bagian mana yang rusak?

■ 배터리가 나간 것 같아요.
끌리하딴냐 아끼냐 하비스.
Kelihatannya akinya habis.

■ 타이어가 펑크났어요.
반냐 끔뻬스.
Bannya kempes.

- 배터리를 충전해주세요.
  똘롱 디이시 아끼냐.
  Tolong diisi akinya.

- 기름을 가득 채워주세요.
  똘롱 디이시 벤신냐.
  Tolong diisi bensinnya.

- 오일을 바꿔주세요.
  똘롱 간띠 올리냐.
  Tolong ganti olinya.

- 시동이 안 걸려요.
  띠닥 비사 디히둡깐.
  Tidak bisa dihidupkan.

- 수리하는 데 얼마나 걸릴까요?
  브라빠 라마 운뚝 쁘르바이끼냐?
  Berapa lama untuk perbaikinya?

교통 주요 단어

매표소

표	까르찌스	karcis
노선	잘루르	jalur
노선표	쁘따 잘루르	peta jalur
시간표	자드왈	jadwal
요금	옹꼬스	ongkos
편도	스깔리 잘란	sekali jalan
왕복	뿔랑 쁘르기	pulang pergi

기차

이코노미석	끌라스 에꼬노미	kelas ekonomi
비즈니스석	끌라스 비스니스	kelas bisnis
첫차	끄레따 쁘르따마	kereta pertama
막차	끄레따 뜨르아히르	kereta terakhir

버스

마을 버스	앙꼿	angkot
시내 버스	부스 꼬따	bus kota
장거리 버스	부스 자락 자우	bus jarak jauh
관광 버스	부스 빠리위사따	bus pariwisata
기본 요금	옹꼬스 다사르	ongkos dasar
이번 정류장	쁘르흔띠안 이니	perhentian ini
다음 정류장	쁘르흔띠안 브리꿋	perhentian berikut
거스름돈	우앙 끔발리안	uang kembalian

렌터카

렌터카	모빌 세와안	mobil sewaan
렌트비	비아야 세와모빌	biaya sewa mobil
면허증	심	SIM
자동차 보험	아수란시 모빌	asuransi mobil
소형차	모빌 양 끄찔	mobil yang kecil
중형차	모빌 양 스당	mobil yang sedang
오토매틱	오또마띠스	otomatis
기어	마누알	manual
보증금	우앙 무까	uang muka

5

음식 정보

식당 필수 표현

예약

자리 배정

주문

식사 중

패스트푸드

술집

계산하기

식당 주요 단어

음식 즐기기

맛있는 음식을 먹으면 이유 없이 기분 좋아지는 느낌, 모두 경험해 보셨죠? 식도락을 즐기기 위해 알아야 할 표현에는 어떤 것이 있는지 꼴깍 침 넘기는 소리와 함께 확인해 볼까요?

음식 정보

음식의 문화적 특징

인도 상인이 향신료를 거래하기 위하여 인도네시아에 들어와 힌두교 및 남방 불교를 전파시켰는데, 이때 상인들은 농업 기술을 이들에게 가르쳤고 동시에 코코넛 밀크의 사용 및 카레 음식 문화를 전파시켰다.
또 중국 상인과의 무역으로 채식주의가 성행했으며, 중국 음식 만드는 기술이 전파되어 튀김 조리법이 시작되었다. 이 조리법은 오늘날에는 인도네시아에서 큰 비중을 차지하고 있다.

지역별 음식의 특징

- 자카르타 및 자바 지역은 쌀로 지은 밥이 주식이며 부식으로는 육류, 채소, 생선을 이용한 다양하고 풍요로운 식생활을 영위하고 있다. 특히 이 지역에서는 인도네시아의 중요한 부식의 하나인 'tempe'(템페)가 처음으로 만들어졌다. 또한 이 곳에는 서구식 풍습이 유입되어 전통적이고 토속적인 식생활과 근대적인 식생활이 함께 공존하고 있다.
- 서부 스마트라 지역의 주식은 밥과 삶은 카사바이다. 강한 향신료를 이용하며 특히 고추 및 울금의 사용이 두드러져 음식의 색깔이 노란색을 띠며 매운 맛을 낸다. 이 지역 중 파당 지역의 음식이 특이한데, 뱀, 닭, 생선 등에 노란색 울금을 넣어 튀겨서 식용하고 있다.
- 남부 쎌레베스 지역의 주식은 옥수수 가루로 만든 죽이며, 생선을 바나나잎에 싼 후 시루에 수증기로 찐 음식이 보편화되어 있으며 술라웨시 지방에서는 쥐를 불에 구워먹는 요리가 있다.
- 서부 이리안자야 및 암본 지역의 주식은 사고가루로 만든 죽이며 아직까지도 일부 지역은 야생의 채소와 사냥으로 잡은

- 동물을 통째로 구워 먹는 식생활 풍습이 남아있다.
- 발리의 주식은 쌀로 지은 밥이며 힌두교식 식생활이 발달하여 쌀로 만든 튀김 과자와 꽃을 차려 매일 몇 차례씩 사당에 제를 지낸다.

식습관 및 조리법의 특징

- 인도네시아는 옛부터 다양하고 싱싱한 향신료가 생산되며 특히 고추의 사용이 두드러져 붉은 고추의 사용이 많다. 붉은 고추를 갈아 만든 '삼발 소스'를 즐겨 먹으며, 밥을 짓는 것에서 시작하여 거의 모든 음식에 코코넛 밀크가 다양하게 사용되고 있다.
- 볶거나 튀긴 음식은 쉽게 변질되지 않는다고 믿어 '고렝'이라 불리는 튀김, 볶음 음식이 많으며 팜유 등이 풍부하게 생산되기 때문에 많은 요리에 이용되고 있다.
- 인도네시아인은 뜨거운 음식을 싫어하여 음식을 조리한 후 바로 먹지 않고 항상 미리 상차림을 해놓는 관습이 있다. 이는 기후 때문에 생겨났다.
- 음식을 담는 식기는 우리나라와 달리 오목한 그릇보다는 평평한 접시 모양이 대부분이다. 즉 탕의 문화가 덜 발달되었고 음식의 형태가 마른 고형식이기 때문이다. 또한 밥과 반찬을 한 접시에 담는 것이 예사로우며 주식인 밥의 양이 반찬의 양보다 많은 것이 특징이다.
- 중,상류층에서는 스푼과 포크를 사용하나 많은 사람이 아직 손으로 음식을 먹고 있다. 손으로 먹을 경우 음식을 오른손으로 비벼서 먹는데 이는 손가락으로 음식을 비빌때 특별한 맛이 난다고 믿기 때문이며, 이들은 왼손으로 용변을 씻기 때문에 음식을 만지는 것은 실례가 되고 부정한 것으로 여긴다. 그래서 항상 상차림에는 손 씻는 그릇이 함께 나온다.

- 손님에게는 차와 과자를 대접하고 음식을 먹기 전에는 'slamatmakan good eating'이라고 말하며 음식을 나누어 먹는 풍습이 있다.

주요 음식

1. 사떼

우리나라의 꼬치와 비슷한 음식으로, 차이가 있다면 이 곳에서는 닭고기 뿐만 아니라 염소고기를 자주 이용한다는 것이다.
이것을 땅콩 소스 등에 발라서 먹기도 하는데 밥이나 론똥(바나나 잎에 싸서 찐 주먹밥)과 함께 먹기도 한다.

2. 고렝

야채와 닭고기, 해산물을 면과 함께 볶은 것이다.

나시 고렝

우리나라의 볶음밥과 비슷한 음식이다.

식사 예절

- 인도네시아에서는 식사시 또는 선물을 주거나 받을 때에 오른손을 사용해야 한다.
- 이슬람교도들은 술을 마시지 않으므로 잔을 들어 건배하는 행동은 일반적이지 않다.
- 식사 예절은 대체적으로 엄격하지 않다. 초대된 가정에서 식사를 할 경우 좌석으로 안내될 때까지 기다려야 한다.
- 음식은 테이블 가운데 큰 접시에서 덜어 먹는다.
- 격식 있는 자리일 경우 남성이 여성보다 먼저 음식을 받게 된다.
- 가끔 포크나 숟가락을 사용하기는 하나 일반적으로는 오른손을 사용해 음식을 먹는다.
- 음식을 남기면 맛이 없다는 뜻으로 받아들인다.

식당 필수 표현

~을(를) 주세요

민따 ~
Minta ~

□ 설탕 굴라 gula	□ 소금 가람 garam	□ 간장 께짭 아신 kecap asin
□ 케첩 사우스 또맛 saus tomat	□ 얼음 에스 바뚜 es batu	□ 칼 삐사우 pisau
□ 숟가락 센독 sendok	□ 젓가락 숨삣 sumpit	□ 포크 가르뿌 garpu

□ 휴지 띠수 tisu	□ 컵 짱끼르 cangkir	□ 계산서 본 bon
□ 빵 로띠 roti	□ 접시 삐링 piring	□ 물수건 한둑 바사 handuk basah
□ 후추 므리짜 merica	□ 밥 나시 nasi	□ 메뉴판 다프따르 므누 daftar menu

예약

■ 예약을 하고 싶은데요.
사야 잉인 레스르파시.
Saya ingin reservasi.

■ 예약하셨습니까?
아빠 수다 레스르파시 뜸빳?
Apa sudah reservasi tempat?

■ 예약하지 않았어요.
사야 블룸 레스르파시.
Saya belum reservasi.

■ 어느 분 이름으로 예약하시겠습니까?
아따스 나마 시아빠?
Atas nama siapa?

■ 죄송해요. 예약이 다 찼습니다.
마아프. 수다 쁘누.
Maaf. Sudah penuh.

■ 일행이 몇 분이십니까?
운뚝 브라빠 오랑?
Untuk berapa orang?

- 두 사람입니다.
  두아 오랑.
  Dua orang.

- 오늘 저녁 8시입니다.
  잠 들라빤 소레 하리 이니.
  Jam delapan sore hari ini.

- 금연석으로 부탁합니다.
  사야 마우 뜸빳 두둑 베바스 로꼭.
  Saya mau tempat duduk bebas rokok.

- 흡연석으로 부탁합니다.
  사야 마우 뜸빳 두둑 비사 므로꼭.
  Saya mau tempat duduk bisa merokok.

자리 배정

■ 자리 있습니까?
아다 뜸빳 두둑 꼬송?
Ada tempat duduk kosong?

■ 창가 좌석으로 주세요.
민따 뜸빳 두둑 드깟 즌델라.
Minta tempat duduk dekat jendela.

■ 금연석으로 주세요.
민따 뜸빳 두둑 양 베바스 로꼭.
Minta tempat duduk yang bebas rokok.

■ 흡연석으로 주세요.
민따 뜸빳 두둑 양 볼레 므로꼭.
Minta tempat duduk yang boleh merokok.

■ 대략 얼마나 기다려야 하나요?
하루스 므눙구 끼라끼라 브라빠 라마?
Harus menunggu kira-kira berapa lama?

■ 이 자리는 이미 예약이 되어 있습니다.
메자 이니 수다 디쁘산.
Meja ini sudah dipesan.

주문

■ 메뉴판 좀 주세요.
민따 다프따르 므누냐.
Minta daftar menunya.

■ 여기 있습니다.
이니 야.
Ini ya.

■ 주문하시겠습니까?
마우 쁘산?
Mau pesan?

■ 일행을 기다리고 있어요.
사야 스당 뚱구 뜨만.
Saya sedang tunggu teman.

■ 저녁 식사로 어떤 것이 좋습니까?
아빠 양 바구스 운뚝 마깐 말람?
Apa yang bagus untuk makan malam?

■ 이 음식은 어떤 맛입니까?
마까난 이니 라사냐 바가이마나?
Makanan ini rasanya bagaimana?

■ 이 요리는 무엇입니까?
  이니 마사깐 아빠?

  Ini masakan apa?

■ 이 음식에 디저트가 포함되어 있나요?
  디 마까난 이니 수다 뜨르마숙 마까난 쁘누뚭?

  Di makanan ini sudah termasuk makanan penutup?

■ 이건 빨리 됩니까?
  이니 비사 쯔빳 디마삭?

  Ini bisa cepat dimasak?

■ 스테이크는 어떻게 해 드릴까요?
  다깅 스테이크냐 마우 양 바가이마나?

  Daging steaknya mau yang bagaimana?

■ 완전히 / 중간으로 / 덜 익혀주세요.
  민따 디마삭 마땅./ 스뜽아 마땅./믄따.

  Minta dimasak matang./setengah matang./mentah.

- 수프 드시겠습니까?
  마우 미눔 숩?
  Mau minum sup?

- 치킨 수프로 하겠습니다.
  마우 숩 아얌.
  Mau sup ayam.

- 가벼운 걸로 있습니까?
  아다 마까난 링안?
  Ada makanan ringan?

- 드레싱은 어떤 것으로 해 드릴까요?
  마우 드레싱 아빠?
  Mau dressing apa?

- 이탈리안 드레싱으로 주세요.
  마우 이딸리안 드레싱.
  Mau Italian dressing.

- 어떤 음식이 좋습니까?
  마까난 아빠 사자 에낙?
  Makanan apa saja enak?

■ 이 레스토랑의 특별 요리가 무엇입니까?
  아빠 마까난 스뻬시알 디 레스또란 이니?
  Apa makanan spesial di restoran ini?

■ 이 지방의 유명한 음식이 무엇입니까?
  아빠 마까난 이스띠메와 디 다에라 이니?
  Apa makanan istimewa di daerah ini?

■ 주방장이 추천하는 요리는 무엇입니까?
  아빠 양 디레꼬만다시깐 꼬끼?
  Apa yang direkomendasikan koki?

■ 혹시 음식 알레르기가 있나요?
  아빠 안다 뿌냐 알레르기 마까난 뜨르뜬뚜?
  Apa Anda punya alergi makanan tertentu?

■ 이걸 먹을게요.
  사야 아깐 마깐 이니.
  Saya akan makan ini.

■ 같은 것으로 하겠습니다.
  사야 마우 양 사마.
  Saya mau yang sama.

■ 음료는 무엇으로 하시겠습니까?
마우 미눔 아빠?
Mau mimum apa?

■ 아이스티로 주세요.
에스 떼 사자.
Es teh saja.

■ 오렌지 주스로 주세요.
에스 즈룩 사자.
Es jeruk saja.

■ 디저트는 무엇으로 하시겠습니까?
아빠까 안다 잉인 마까난 쁘누뚭?
Apakah Anda ingin makanan penutup?

■ 아이스크림을 주세요.
민따 에스 끄림.
Minta es krim.

■ 디저트만 드시겠습니까?
아빠 안다 하냐 마우 마까난 쁘누뚭?
Apa Anda hanya mau makanan penutup?

■ 주문을 바꾸어도 될까요?
볼레 사야 우바 쁘사난 사야?
Boleh saya ubah pesanan saya?

■ 잠시만 기다려주세요.
똘롱 뚱구 스븐따르.
Tolong tunggu sebentar.

■ 다른 주문은 없으신가요?
아다 라기 양 마우 디쁘산?
Ada lagi yang mau dipesan?

■ 없어요. 충분합니다.
띠닥 아다. 이뚜 사자 쭈꿉.
Tidak ada. Itu saja cukup.

■ 포도주 한 잔 주십시오.
민따 스글라스 와인.
Minta segelas wine.

■ 커피를 좀 더 주세요.
민따 꼬삐 스디낏 라기.
Minta kopi sedikit lagi.

■ 이거 하나 더 주세요.
뚤롱 땀바깐 이니 사뚜

Tolong tambahkan ini satu.

■ 포장해주세요.
뚤롱 디붕꾸스.

Tolong dibungkus.

■ 맛있게 드세요.
슬라맛 마깐.

Selamat makan.

식사 중

- 드세요.
  실라깐 마깐.
  Silakan makan.

- 후추 좀 건네주세요.
  똘롱 까시 므리짜.
  Tolong kasih merica.

- 포크를 떨어뜨렸어요.
  가르뿌냐 자뚜.
  Garpunya jatuh.

- 다른 포크를 갖다주세요.
  민따 가르뿌 양 바루.
  Minta garpu yang baru.

- 물 한 잔 주세요.
  민따 아이르 뿌띠.
  Minta air putih.

- 주문한 음식이 아니예요.
  이니 부깐 마까난 양 사야 쁘산.
  Ini bukan makanan yang saya pesan.

■ 메뉴 좀 다시 볼 수 있을까요?
비사 리핫 다프따르 므누냐 라기.
Bisa lihat daftar menunya lagi?

■ 볶음밥을 주문했어요.
사야 수다 쁘산 나시 고렝 따디.
Saya sudah pesan nasi goreng tadi.

■ 주문을 취소해주세요.
똘롱 바딸깐 쁘사난냐.
Tolong batalkan pesanannya.

■ 음식이 오랫동안 안 나오네요.
꼭 마까난냐 라마 스깔리 야.
Kok makanannya lama sekali ya.

■ 맛이 이상해요.
라사냐 아네.
Rasanya aneh.

■ 이 음식은 어떻게 먹는 건가요?
바가이마나 짜라 마깐 이니?
Bagaimana cara makan ini?

- 손으로 먹어요.
  마깐냐 등안 땅안.
  Makannya dengan tangan.

- 흡연해도 되나요?
  볼레 사야 므로꼭?
  Boleh saya merokok?

- 이것 좀 치워주세요.
  똘롱 브르시깐 이니.
  Tolong bersihkan ini.

- 이것 좀 싸주세요.
  똘롱 이니 디붕꾸스.
  Tolong ini dibungkus .

- 고기가 너무 탔어요.
  다깅 이니 뜨를랄루 항우스.
  Daging ini teralu hangus.

- 고기가 아직 덜 익었어요.
  다깅 이니 마시 믄따.
  Daging ini masih mentah.

■ 고기가 너무 질겨요.
다깅냐 뜨를랄루 마땅.
Dagingnya terlalu matang.

■ 고기에서 비린내가 나요.
다깅냐 아미스 스깔리.
Dagingnya amis sekali.

■ 이 음식은 상한 것 같아요.
마까난 이니 끌리하딴냐 바시.
Makanan ini kelihatannya basi.

■ 이 음식에 머리카락이 있어요.
디 마까난 이니 아다 람붓냐.
Di makanan ini ada rambutnya.

■ 이 음식 맛있네요.
마까난 이니 에낙.
Makanan ini enak.

■ 이 음식은 싱거워요.
마까난 이니 함바르.
Makanan ini hambar.

- 음식이 차갑네요.
  마까난냐 수다 딩인.
  Makanannya sudah dingin.

- 이거 하나 더 주문할게요.
  사야 마우 쁘산 이니 라기.
  Saya mau pesan ini lagi.

패스트푸드

■ 무얼 드릴까요?
마우 양 마나?
Mau yang mana?

■ 햄버거를 주세요.
민따 함부르그르.
Minta hamburger.

■ 이 세트 메뉴로 주세요.
민따 빠껫 이니.
Minta paket ini.

■ 감자 튀김을 주세요.
민따 끈땅 고렝.
Minta kentang goreng.

■ 양파는 빼주세요.
장안 디이시 바왕 봄바이.
Jangan diisi bawang bombai.

■ 여기서 드실 겁니까, 가지고 가시겠습니까?
마깐 디 시니 아따우 바와 뿔랑?
Makan di sini atau bawa pulang?

■ 여기서 먹을 겁니다.
   마깐 디 시니.
   Makan di sini.

■ 포장해주세요.
   똘롱 디붕꾸스.
   Tolong dibungkus.

■ 소스 좀 많이 주세요.
   민따 사우스냐 양 바냑.
   Minta sausnya yang banyak.

술집

■ 빈땅 맥주 주세요.
민따 비르 빈땅.
Minta bir Bintang.

■ 캔맥주 주세요.
민따 비르 깔렝.
Minta bir kaleng.

■ 병맥주 주세요.
민따 비르 보똘.
Minta bir botol.

■ 와인은 어떤 것으로 하시겠습니까?
와인냐 마우 양 바가이마나?
Winenya mau yang bagaimana?

■ 달콤한 것으로 주십시오.
민따 양 마니스.
Minta yang manis.

■ 위스키에 얼음을 넣어서 주세요.
민따 위스끼 빠까이 에스.
Minta wiski pakai es.

- 같은 걸로 한 잔 더 주세요.
  민따 사뚜 라기 양 사마.
  Minta satu lagi yang sama.

- 한 잔 더 하시죠!
  아요, 땀바 라기!
  Ayo, tambah lagi!

- 건배!
  브르술랑!
  Bersulang!

- 2차를 갑시다!
  아요 끼따 미눔 디 뜸빳 양 라인!
  Ayo kita minum di tempat yang lain!

- 제가 살게요.
  사야 양 뜨락띠르.
  Saya yang traktir.

계산하기

■ 계산서를 주세요.
민따 본.
Minta bon.

■ 계산해주세요.
마우 바야르.
Mau bayar.

■ 계산은 어디서 해요?
바야르냐 디 마나?
Bayarnya di mana?

■ 따로 계산하시겠습니까?
디히뚱 뜨르삐사?
Dihitung terpisah?

■ 같이 계산해주세요.
똘롱 디히뚱 버르사마.
Tolong dihitung bersama.

■ 계산은 내가 하겠습니다.
사야 양 바야르.
Saya yang bayar.

■ 제가 반을 낼게요.
  사야 마우 바야르 스빠루냐.
  Saya mau bayar separuhnya.

■ 모두 얼마입니까?
  스무아냐 브라빠?
  Semuanya berapa?

■ 팁이 포함된 가격입니까?
  수다 뜨르마숙 띱냐?
  Sudah termasuk tipnya?

■ 이것은 팁입니다.
  이니 띱냐.
  Ini tipnya.

■ 잘 먹었습니다.
  뜨리마 까시 운뚝 마까난냐.
  Terima kasih untuk makanannya.

■ 일인분에 얼마인가요?
  브라빠 하르가냐 운뚝 사뚜 뽀르시?
  Berapa harganya untuk satu porsi?

- 신용 카드로 해도 돼요?
  비사 바야르 빠까이 까르뚜 끄레딧?
  Bisa bayar pakai kartu kredit?

- 계산서를 받으셨나요?
  수다 다빳 노따냐?
  sudah dapat notanya?

식당 주요 단어

식당

한국 식당	레스또란 꼬레아	restoran Korea
일본 식당	레스또란 즈빵	restoran Jepang
중국 식당	레스또란 찌나	restoran Cina
프랑스 식당	레스또란 쁘란찌스	restoran Perancis
멕시코 식당	레스또란 멕시꼬	restoran Meksiko
이탈리아 식당	레스또란 이딸리	restoran Itali
인도 식당	레스또란 인디아	restoran India
태국 식당	레스또란 따일란	restoran Thailand

요리

에피타이저	쁨방낏 슬레라 마깐	pembangkit selera makan
주요리	히당안 우따마	hidangan utama
후식	마까난 쁘누뚭	makanan penutup
수프	숩	sup
샐러드	슬라다	selada
빵	로띠	roti
밥	나시	nasi
반찬	라욱	lauk

소고기	다깅 사삐	daging sapi
닭고기	다깅 아얌	daging ayam
돼지 고기	다깅 바비	daging babi
염소 고기	다깅 깜빙	daging kambing
오리 고기	다깅 베벡	daging bebek
해산물	마까난 라웃 / 씨풋	makanan laut/ seafood
조개	끄랑	kerang

조리 방법

끓이다	믄디디	mendidih
굽다	므망강	memanggang
튀기다	믕고렝	menggoreng
찌다	믕우압	menguap
다지다	믄찐짱	mencincang
저미다	믕이리스	mengiris
덜 익다	꾸랑 마땅	kurang matang
적당히 익다	스뜽아 마땅	setengah matgang
잘 익다	마땅	matang

6

숙소 정보
숙박 필수 표현
예약
체크인
룸서비스
기타 서비스
위기 대처
체크아웃
숙박 주요 단어

숙박 시설의 이용

맛있게 먹고 신나게 놀다보면 어느덧 날은 저물고 몸은 지쳐만 갑니다. 몸이 편해야 마음도 편해지기 마련인데요. 하루의 피로를 풀 잠자리가 불편하면 안 되겠죠?

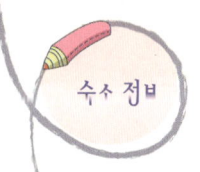

수수 정보

숙소를 이용할 때

예약

여행 정보 책자에 소개된 믿을 만한 숙소라면, 인터넷을 통해 미리 예약을 하고 가는 것이 좋다. 대중 교통을 이용해 직접 찾아갈 경우, 가는 방법과 약도를 미리 챙겨야 한다.

숙소를 찾느라 무거운 배낭을 메고 헤매다보면 관광을 시작하기도 전에 지쳐버릴 수 있다. 무엇이든 준비해놓는 정신은 여행자의 필수 덕목이라는 걸 명심하자.

체크인, 체크아웃

보통 12시를 전후해 체크인이 되지만, 일정상 그보다 일찍 도착할 경우 방을 배정하고 배낭을 맡아주는 등의 편의는 봐준다. 체크인시 보증금deposit을 요구하며, 그 금액은 체크아웃시 돌려받는다.

방 이용

외출시 열쇠는 분실의 위험을 막기 위해 프론트에 맡기는 것이 좋다. key drop이라고 쓰여진 곳에 놓으면 된다. 현관문뿐 아니라 베란다 또한 문을 닫으면 자동으로 잠기는 경우가 있으니 유의해야 한다. 외국의 욕실은 한국처럼 바닥에 배수구가 없는 경우가 많다. 샤워 부스나 욕조 안에서 샤워를 해야 하며, 샤워 커튼을 이용해 물이 튀지 않도록 신경을 써야 한다. 객실정비 직원에 의한 분실 및 도난 사건 위험이 있으니, 중요품은 늘 소지하거나 객실내에 금고를 이용하는 것이 좋습니다.(저렴한 호텔일수록 더욱 심함)

아침 식사 이용

조식이 무료로 제공되는 경우 이용 가능 시간이 정해져 있다. 미리 숙지해야 하며, 유럽식 뷔페를 이용할 때 배낭 여행객들이 종종 빵과 샌드위치를 몰래 싸가는 경우를 목격하게 되는데, 국가 이미지를 생각해서 자제하도록 하자.

팁

인도네시아에는 팁 문화가 있어서 호텔뿐만 아니라, 식당에서도 팁을 주곤 합니다. 포터가 짐을 들어줄 경우 가방 한 개당 5,000~10,000루피아 정도를 준다. 호텔 도어맨이 택시를 잡아줄 경우도 5,000~10,000루피아 정도를 지불한다. 체크아웃시 숙소가 마음에 들었다면 침대 위에 팁을 올려놓는 센스도 잊지 말자.

숙소의 종류

어느 숙소든 미리 예약을 해두는 것이 현명하다는 말은 귀가 아프게 들었을 터. 예약과 더불어 공항, 기차역까지 픽업하는 서비스가 있는지, 식사는 제공되는지, 할인이 가능한지, 인터넷 상에서 평이 좋은지 나쁜지까지 꼼꼼히 챙기는 세심함을 발휘하자.

호텔

시설, 서비스, 청결도, 안전 면에서 가장 권장할만하지만, 배낭 여행자에게 부담스러운 것이 사실이다. 여행 상품 중에 종종 저렴한 호텔팩이 나온다. 그러니 손가락이 닳도록 검색하는 자에게만 호사를 누리며 돈을 아끼는 행운이 온다.

유스호스텔

가격이 저렴하며 자가취사가 가능하다는 매력이 있다. 성수기에는 전 세계 어느 나라든 예약이 필수이며, 유스호스텔 회원증, 국제 학생증이 있으면 할인 혜택을 누릴 수 있다.

게스트하우스

주로 한국인이 운영하는 것이 특징이며, 한국식 식사와 편의를 제공받을 수 있다.

꼬스 Kost

한국의 원룸과 비슷하며, 현지 사람들과 이웃을 맺으며 함께 생활할 수가 있다. 시설이 천차만별이며, 일수별, 월별 계약이 가능하고, 다른 시설에 비해 저렴한 편이다. 단기간 거주보다는 한 달 이상의 중장기 거주에 적합하며, 추가 요금에 따라 식사, 빨래, 방청소, 등의 옵션 구매가 가능합니다.

아스라마 Asrama

인도네시아 학교 내 기숙사를 말한다. 현지 학교를 다닐때 이용할 수가 있는데, 현지 학생과 함께 생활하기 때문에, 언어 실력을 늘리는 데 효과적이다.

숙박 필수 표현

_____ 을(를) 주세요.

민따~
Minta~.

싱글룸	더블룸	트윈룸
싱글룸	더블룸	트윈룸
single room	double room	twin room

스위트룸	레이크뷰룸	마운틴뷰룸
스위트룸	레이크뷰룸	마운틴뷰룸
suit room	lake-view room	mountain-view room

오션뷰룸	빈방	원룸(연립형 원룸)
오션뷰룸	까마르 꼬송	꼬스
ocean-view room	kamar kosong	kost

_____가(이) 고장났어요.

~ 루삭.
~ Rusak.

□ 전화
뗄레뽄
telephone

□ 인터넷
인뜨르넷
Internet

□ 에어컨
아쎄
AC

□ TV
뗄레피시
televisi

□ 변기
끌로셋
kloset

□ 헤어드라이기
뻥으링 람붓
pengering rambut

□ 샤워기
샤워
shower

□ 사우나
사우나
sauna

□ 문
삔뚜
pintu

예약

- **몇 분 예약이신가요?**
  레스르파시 운뚝 브라빠 오랑?
  Reservasi untuk berapa orang?

- **빈방이 있어요?**
  아다 까마르 꼬송?
  Ada kamar kosong?

- **어떤 방으로 드릴까요?**
  마우 까마 양 바가이마나?
  Mau kamar yang bagaimana?

- **싱글룸으로 주세요.**
  민따 싱글 룸.
  Minta single room.

- **방안 시설이 어떻죠?**
  아빠 사자 파실리따스 양 아다 디 까마르?
  Apa saja fasilitas yang ada di kamar?

- **욕실이 딸린 방으로 주세요.**
  민따 까마르 양 아다 까마르 만디.
  Minta kamar yang ada kamar mandi.

- 방을 보고 싶습니다.
  사야 마우 리핫 까마르냐.
  Saya mau lihat kamarnya.

- 이 방으로 하겠습니다.
  사야 마우 까마르 이니.
  Saya mau kamar ini.

- 더 싼 방은 없습니까?
  아다 까마르 양 르비 무라?
  Ada kamar yang lebih murah?

- 하루 요금이 얼마입니까?
  브라빠 하르가 운뚝 사뚜 말람?
  Berapa harga untuk satu malam?

- 아침 식사는 포함되어 있습니까?
  하르가냐 수다 뜨르마숙 사라빤?
  Harganya sudah termasuk sarapan?

- 몇 시부터 아침 식사가 가능하죠?
  마깐 빠기냐 물라이 잠 브라빠?
  Makan paginya mulai jam berapa?

■ 스위트룸으로 주세요.
민따 스위트룸.

Minta suit room.

■ 시원한 방으로 주세요.
민따 까마르 양 스죽.

Minta kamar yang sejuk.

체크인

■ 예약을 했습니다.
사야 수다 레스르파시.
Saya sudah reservasi.

■ 체크인하고 싶습니다.
사야 잉인 쩩인.
Saya ingin check-in.

■ 성함이 어떻게 되십니까?
볼레 사야 따냐 나마 안다?
Boleh saya tanya nama Anda?

■ 어느 분의 이름으로 예약되어 있습니까?
디레스르파시 아따스 나마 시아빠?
Direservasi atas nama siapa?

■ 황우중으로 예약했습니다.
레스르파시 아따스 나마 황 우중.
Reservasi atas nama Hwang Woojoong.

■ 방에 에어컨을 어떻게 켜야 하나요?
바가이마나 히둡깐 아쎄 디 까마르 이니?
Bagaimana hidupkan AC di kamar ini?

룸서비스

■ 룸서비스 부탁합니다.
민따 룸서비스.
Minta room service.

■ 룸서비스는 어떻게 부릅니까?
바가이마나 빵길 룸서비스?
Bagaimana panggil room service?

■ 0번을 누르시오.
뜨깐 놀 사자.
Tekan nol saja.

■ 룸서비스입니까?
이니 룸서비스?
Ini room service?

■ 룸서비스입니다. 무엇을 도와 드릴까요?
룸서비스. 아빠 양 비사 사야 반뚜?
Room service. Apa yang bisa saya bantu?

■ 따뜻한 물을 가져다주세요.
똘롱 바와깐 아이르 뿌띠 양 항앗.
Tolong bawakan air putih yang hangat.

■ 식사를 방으로 주문할 수 있을까요?
비사까 마까난냐 디안따르 끄 까마르?
Bisakah makanannya diantar ke kamar?

■ 빨리 좀 부탁합니다.
똘롱 쯔빳 야.
Tolong cepat ya.

■ 누구세요?
이니 시아빠?
Ini siapa?

■ 룸서비스입니다.
룸서비스.
Room service.

■ 잠시만요.
스븐따르.
Sebentar.

■ 들어오세요.
실라깐 마숙.
Silakan masuk.

기타 서비스

■ 이것을 보관하고 싶은데요.
사야 잉인 띠띱 이니.
Saya ingin titip ini.

■ 언제까지 보관하시겠습니까?
마우 띠띱 삼빠이 까빤?
Mau titip sampai kapan?

■ 내일 밤까지요.
삼빠이 베속 말람.
Sampai besok malam.

■ 방을 청소해주세요.
똘롱 브르시깐 까마르.
Tolong bersihkan kamar.

■ 방청소를 하지 말아주세요.
똘롱 장안 브르시깐 까마르 사야.
Tolong jangan bersihkan kamar saya.

■ 모닝콜 부탁합니다.
똘롱 방운깐 사야.
Tolong bangunkan saya.

■ 몇시에 해 드릴까요?
마우 잠 브라빠?
Mau jam berapa?

■ 아침 7시에 깨워주세요.
똘롱 방운깐 잠 뚜주 빠기.
Tolong bangunkan jam 7 pagi.

■ 피트니스 센터의 이용 시간은 어떻게 되나요?
까빤 왁뚜 뼁구나안 피트니스 센뜨르?
Kapan waktu penggunaan fitness center?

■ 제 옷 다림질을 부탁합니다.
똘롱 스뜨리까 빠까이안 사야.
Tolong seterika pakain saya.

■ 제 옷 세탁을 부탁합니다.
똘롱 쭈찌깐 빠까이안 사야.
Tolong cucikan pakaian saya.

■ 얼마나 걸립니까?
믕하비스깐 왁뚜 브라빠 라마?
Menghabiskan waktu berapa lama?

- 오래 걸리지 않습니다.

  띠닥 라마.

  Tidak lama.

- 오늘밤까지 될까요?

  비사 삼빠이 말람 이니?

  Bisa sampai malam ini?

- 방을 바꾸고 싶어요.

  사야 마우 뚜까르 까마르.

  Saya mau tukar kamar.

- 수건 좀 더 주세요.

  민따 땀바 한둑냐.

  Minta tambah handuknya.

위기 대처

■ 무슨 문제가 있나요?
아다 마살라 아빠?
Ada masalah apa?

■ 방에 열쇠를 놓고 나왔어요.
꾼찌냐 뜨르띵갈 디 달람 까마르.
Kuncinya tertinggal di dalam kamar.

■ 에어컨이 고장 났어요.
아쎄냐 루삭.
Acnya rusak.

■ 변기가 고장 났어요.
끌로셋냐 루삭.
Klosetnya rusak.

■ 방이 너무 추워요.
까마르냐 뜨를랄루 딩인.
Kamarnya terlalu dingin.

■ 방이 너무 더워요.
까마르냐 뜨를랄루 빠나스.
Kamarnya terlalu panas.

■ 더운 물이 안 나옵니다.
아이르 빠나스냐 띠닥 끌루아르.
Air panasnya tidak keluar.

■ 금고를 열 수가 없어요.
세이프티박스냐 띠닥 비사 디부까.
Safety boxnya tidak bisa dibuka.

■ 인터넷 연결이 안 되요.
띠닥 비사 믕악세스 인뜨르넷.
Tidak bisa mengakses internet.

■ 바다를 볼 수 있는 방이 아니예요.
까마르 이니 띠닥 믕하답 끄 라웃 야?
Kamar ini tidak menghadap ke laut ya?

■ 경치를 볼 수 있는 방이 아니예요.
쁘만당안 다리 까마르 띠닥 바구스.
Pemandangan dari kamar tidak bagus.

■ 수영장이 더럽군요.
꼴람 르낭냐 꼬또르.
Kolam renangnya kotor.

- 옆방 사람이 너무 시끄러워요.
  오랑 디 까마르 스블라 리붓 스깔리.
  Orang di kamar sebelah ribut sekali.

- 방에 개미가 너무 많아요.
  디 까마르 아다 반약 스뭇.
  Di kamar ada banyak semut.

- 더 좋은 방이 있나요?
  아다 까마르 양 르비 바구스?
  Ada kamar yang lebih bagus?

- 방을 바꾸고 싶어요.
  사야 잉인 삔다 까마르.
  Saya ingin pindah kamar.

체크아웃

■ 체크아웃은 몇 시인가요?
잠 브라빠 비사 쩩아웃?
Jam berapa bisa check-out?

■ 지금 체크아웃 할게요.
사야 마우 쩩아웃 스까랑.
Saya mau check-out sekarang.

■ 계산서는 여기 있습니다.
이니 본냐.
Ini bonnya.

■ 보증금을 돌려주세요.
똘롱 끔발리깐 데뽀싯 사야.
Tolong kembalikan deposit saya.

■ 지불은 어떻게 하시겠습니까?
바가이마나 쁨바야란냐?
Bagaimana pembayarannya?

■ 세금이 포함되어 있습니까?
수다 뜨르마숙 빠작?
Sudah termasuk pajak?

- 이 요금은 무엇입니까?
  이니 비아야 아빠?
  Ini biaya apa?

- 계산이 잘못된 것 같은데요.
  끌리하딴냐 살라 히뚱 비아야냐.
  Kelihatannya salah hitung biayanya.

- 하룻밤 더 묵을 수 있나요?
  볼레 사야 믕이납 사뚜 말람 라기?
  Boleh saya menginap satu malam lagi?

- 하루 더 일찍 나가고 싶어요.
  사야 잉인 끌루아르 사뚜 하리 르비 쯔빳.
  Saya ingin keluar satu hari lebih cepat.

- 체크아웃을 더 늦게 해도 되나요?
  비사까 왁뚜 쩩아웃냐 디문두르깐?
  Bisakah waktu check-outnya dimundurkan?

- 방에 두고 온 것이 있어요.
  아다 바랑 양 뜨르띵갈 디 달람 까마르.
  Ada barang yang tertinggal di dalam kamar.

■ 이 짐 좀 잠시 맡아주세요.
똘롱 디띠띱깐 바랑 이니 스븐따르.

Tolong dititipkan barang ini sebentar.

■ 언제 한번 다시 올게요.
까빤까빤 까미 아깐 끔발리 라기.

Kapan-kapan kami akan kembali lagi.

숙박 주요 단어

숙박 시설

호텔	호뗄	hotel
게스트하우스	게스트하우스	guest house
숙박	뼁이나빤	penginapan
연립식 원룸	꼬스	kost

부대 시설

사우나장	사우나	sauna
피트니스장	피트니스 센뜨르	fitness center
수영장	꼴람 르낭	kolam renang
레스토랑	레스또란	restoran
골프장	라빵안 골프	lapangan golf
바	바	bar

기타

한국어	발음	인도네시아어
분실물 센터	뿌삿 쁠라뽀란 바랑 힐랑	pusat pelaporan barang hilang
객실 청소	쁨브르시안 까마르	pembersihan kamar
모닝콜	모닝콜	morning call
세탁 서비스	라야난 라운드리	layanan laundry
주차 서비스	라야난 빠르끼르	layanan parkir
보증금	우앙 자미난 / 우앙 무까	uang jaminan/ uang muka
국제 전화	빵길란 인뜨르나시오날	panggilan internasional
기사	소삐르	sopir
가정부	쁨반뚜	pembantu
봉사료	하르가 쁠라야난	harga pelayanan
귀중품	바랑 브르하르가	barang berharga
온수	아이르 빠나스	air panas
영수증	노따	nota
서명	딴다 땅안	tanda tangan
여행자 수표	쩩 쁘르잘라난	cek perjalanan

7

관광 정보

관광 필수 표현

관광 안내소

관광 프로그램

길 묻기

티켓

사진 찍기

골프

관광 주요 단어

현지 관광

여행을 하면서 가장 말을 많이 하게 되는 상황이 길을 묻거나 관광지 내에서 이것저것 물어볼 때가 아닐까요? 어떻게 해야 원하는 답을 얻을 수 있는지 여기서 확인하세요.

관광 정보

가볼 만한 명소

인도네시아는 넓고 광활한 국토를 지니고 있다. 각 지역마다의 특색이 있고, 문화나 관습이 상당히 다르다. 그러므로 우리가 인도네시아를 제대로 즐기려면 어느 한 지역만 가볼 것이 아니라 그 지역별로 유명한 관광 명소들은 꼭 잊지 말고 모두 가보도록 하자!

지역별 꼭 들러야 할 관광 명소

- 카르타: 따만 미니 민속촌, 안쫄 해변, 모나스 광장
- 반둥: 땅꾸반쁘라후 화산, 찌아뜨르 온천, 사웅 앙끌룽 우조(대나무로 만든 인도네시아 전통 악기를 체험하는 곳)
- 보고르: 보고르 식물원, 따만 사파리
- 족자카르타: 보도부드르 사원 (불교), 쁘람바난 사원 (힌두교), 말리오보로 거리, 끄라똔 (술탄 왕궁), 디엔 고원

- 수라바야: 브로모 화산, 수라바야 동물원, 뜨레떼스 휴양지
- 수마뜨라: 부낏띵기, 실랏 축제, 빠당 음식 문화, 메이문 궁전, 모스크, 또바 호수.
- 술라웨시: 마나도 (아름다운 섬), 우중빤당 항구, 따나또라자 (전통문화, 풍습 체험)

- 깔리만딴: 발릭빠빤 (레저 관광지), 뽄띠아낙 항구, 망가르 해안, 사마린다 (정글 탐험)
- 솔로: 망꾸느가라 왕국, 까수난난 왕국, 스리웨다리 공원, 상이란(화석의 보고)
- 말랑: 자고 사원, 카위 산, 코반 론도 폭포
- 누사 가라: 코모도 국립공원, 라부안 바조, 숨바와 섬, 플로레스 섬
- 발리: 누사두아 섬, 꾸따, 르기안, 짐바란, 사누르 해변, 우붓, 뿌뿌딴 광장, 띠나롯 사원
- 롬복: 마유라 물 궁전, 뻬누작 (도자기 마을), 메루 사원, 서누사 뜽가라 국립 박물관, 수까라라 (전통 직물 제조), 암빼난 항구, 라브라한 롬복, 길리 섬.

관광 필수 표현

_____ 은(는) 어디인가요?

~ 디 마나?
~ Di mana?

□ 관광 안내소 뜸빳 인포르마시 위사따 tempat informasi wisata	□ 극장 비오스꼽 bioskop	□ 매표소 로껫 까르찌스 loket karcis
□ 입구 삔뚜 마숙 pintu masuk	□ 매점 깐띤 kantin	□ 출구 삔뚜 끌루아르 pintu keluar
□ 선물 가게 또꼬 쫀드라마따 toko cenderamata	□ 공원 따만 taman	□ 박물관 무세움 museum

~은(는) 어디에서 살 수 있나요?

~ 비사 블리 디 마나?
~ Bisa beli di mana?

□ 수프 숩 sup	□ 필름 필름 film	□ 배터리 바뜨라이 baterai
□ 엽서 까르뚜 뽀스 kartu pos	□ 팸플릿 브로수르 brosur	□ 기념품 올레올레 oleh-oleh
□ 문구 알랏 뚤리스 alat tulis	□ 음식 마까난 makanan	□ 골동품 바랑 안띡 barang antik

관광 안내소

■ 관광 안내서를 얻을 수 있습니까?
비사 민따 브로수르 인포르마시 위사따?
Bisa minta brosur informasi wisata?

■ 관광 지도 한 장 주세요.
민따 쁘따 위사따.
Minta peta wisata.

■ 여행하기 제일 좋은 곳이 어디입니까?
디 마나 뜸빳 뜨르바구스 운뚝 잘란잘란?
Di mana tempat terbagus untuk jalan-jalan?

■ 그곳에는 어떻게 가죠?
바가이마나 비사 쁘르기 끄 시뚜?
Bagaimana bisa pergi ke situ?

■ 걸어서 얼마나 걸려요?
깔라우 잘란 까끼 브라빠 라마?
Kalau jalan kaki berapa lama?

■ 택시를 타는 것이 좋을 거예요.
르비 바익 나익 딱시.
Lebih baik naik taksi.

관광 프로그램

■ 오늘 관광 프로그램이 있습니까?
아다 쁘로그람 쁘르잘라난 위사따 하리 이니?
Ada program perjalanan wisata hari ini?

■ 알차게 여행하는 방법을 알려주세요.
똘롱 브리따우 짜라 위사따 양 무라 므리아.
Tolong beritahu cara wisata yang murah meriah.

■ 값싸게 여행하는 방법은 무엇인가요?
바가이마나 짜라 위사따 양 무라?
Bagaimana cara wisata yang murah?

■ 저는 다이빙을 하고 싶어요.
사야 마우 다이빙.
Saya mau diving.

■ 다이빙 하기에 좋은 곳이 어딘가요?
디 마나 로까시 바구스 운뚝 다이빙?
Di mana lokasi bagus untuk diving?

■ 어디에서 출발하죠?
브랑깟냐 다리 마나?
Berangkatnya dari mana?

- 이 관광은 비용이 얼마인가요?

    브라빠 하르가 빠껫 위사따 이니?

    Berapa harga paket wisata ini?

- 교통비가 포함되어 있나요?

    아빠 수다 뜨르마숙 비아야 뜨란스뽀르따시?

    Apa sudah termasuk biaya transportasi?

- 언제 돌아옵니까?

    까빤 뿔랑?

    Kapan pulang?

- 이 관광 프로그램은 시간이 얼마나 걸립니까?

    브라빠 라마 왁뚜 쁘로그람 쁘르잘라난냐?

    Berapa lama waktu program perjalanannya?

- 한국어를 하는 가이드가 있나요?

    아다 쁘만두 위사따 브르바사하 꼬레아?

    Ada pemandu wisata berbahasa Korea?

- 가이드가 필요합니다.

    사야 쁘를루 쁘만두 위사따.

    Saya perlu pemandu wisata.

■ 자유 시간이 있나요?
　아다 왁뚜 루앙?
　Ada waktu luang?

■ 식사가 포함되어 있나요?
　하르가 이니 수다 뜨르마숙 마깐?
　Harga ini sudah termasuk makan?

길 묻기

■ 실례합니다.
쁘르미시.
Permisi.

■ 말씀 좀 물을게요.
볼레 눔빵 따냐?
Boleh numpang tanya?

■ 길을 잃은 것 같아요.
스쁘르띠냐 사야 뜨르스삿.
Sepertinya saya tersesat.

■ 이곳은 처음입니다.
디 시니 사야 쁘르따마 깔리.
Di sini saya pertama kali.

■ 여기가 어딘가요?
디 시니 디 마나?
Di sini di mana?

■ 이 지도에서 제가 어디에 있나요?
디 쁘따 이니 사야 아다 디 마나?
Di peta ini saya ada di mana?

- 여기서 먼가요?
  자우 다리 시니?
  Jauh dari sini?

- 약도를 좀 그려주시겠습니까?
  비사 감바르깐 쁘따 바간냐?
  Bisa gambarkan peta bagannya?

- 헷갈리네요.
  사야 므라사 빙웅.
  Saya merasa bingung.

- 지나쳐왔군요.
  안다 수다 레왓.
  Anda sudah lewat.

- 길을 잘못 들었네요.
  안다 살라 마숙 잘란.
  Anda salah masuk jalan.

- 택시를 타야 합니까?
  하루스 나익 딱시?
  Harus naik taksi?

■ 여기에 대중 교통편이 없나요?
디 시니 띠닥 아다 앙꾸딴 우뭄?

Di sini tidak ada angkutan umum?

■ 제일 가까운 경찰서가 어디인가요?
디 마나 깐또르 뽈리시 뜨르드깟?

Di mana kantor polisi terdekat?

■ 저를 그 곳까지 데려다 주실 수 있으세요?
비사 등안따르 사야 삼빠이 뜸빳 이뚜?

Bisa mengantar saya sampai tempat itu?

■ 표 있습니까?
아다 띠껫?

Ada tiket?

■ 남은 자리가 있습니까?
아다 뜸빳 두둑 꼬송?

Ada tempat duduk kosong?

■ 입장료는 얼마예요?
브라빠 하르가 띠껫 마숙냐?

Berapa harga tiket masuknya?

티켓

■ 오늘밤 공연표 두 장 주세요.
민따 띠껫 두아 름바르 운뚝 말람 이니.
Minta tiket dua lembar untuk malam ini.

■ 표가 매진되었습니다.
띠껫냐 수다 하비스 스무아.
Tiketnya sudah habis semua.

■ 다음 주 월요일은 어떻습니까?
바가이마나 하리 스닌 밍구 드빤냐?
Bagaimana hari senin minggu depannya?

■ 다음 주 월요일 표는 있습니다.
아다 띠껫 운뚝 하리 스닌 밍구 드빤.
Ada tiket untuk hari senin minggu depan.

■ 가장 싼 표는 얼마입니까?
브라빠 하르가 띠껫 양 뜨르무라?
Berapa harga tiket yang termurah?

■ 어떤 좌석으로 드릴까요?
마우 뜸빳 두둑 끌라스 아빠?
Mau tempat duduk kelas apa?

- 앞쪽 자리로 주세요.
  민따 뜸빳 두둑 디 바기안 드빤.
  Minta tempat duduk di bagian depan.

- 가운데 자리로 주세요.
  민따 뜸빳 두둑 디 바기안 뜽아.
  Minta tempat duduk di bagian tengah.

- 붙어 있는 자리로 주세요.
  민따 뜸빳 두둑 양 브르스블라한.
  Minta tempat duduk yang bersebelahan.

사진 찍기

■ 여기서 사진을 찍어도 될까요?
볼레 포토 디 시니?
Boleh foto di sini?

■ 같이 사진 찍읍시다.
아요 뽀또 브르사마.
Ayo foto bersama.

■ 사진을 찍어주시겠어요?
비사 포또 사야?
Bisa foto saya?

■ 이 셔터만 누르면 됩니다.
뜨깐 똠볼 이니 사자.
Tekan tombol ini saja.

■ 사진 꼭 보내드릴게요.
사야 잔지 아깐 끼림 포또냐.
Saya janji akan kirim fotonya.

■ 이메일 주소를 가르쳐주세요.
똘롱 브리따우 알라맛 이메일냐.
Tolong beritahu alamat e-mailnya.

골프

■ 골프 예약 좀 해주세요.
똘롱 레스르파시 골프.
Tolong reservasi golf.

■ 골프 치는 거 좋아해요?
안다 수까 브르마인 골프?
Anda suka bermain golf?

■ 골프장 이용료는 얼마인가요?
브라빠 비아야 쁘마까이안 라빵안 골프?
Berapa biaya pemakaian lapangan golf?

■ 골프채를 빌려주세요.
사야 마우 세와 스띡 골프.
Saya mau sewa stik golf.

■ 이 골프장은 몇 홀입니까?
라빵안 골프 이니 뿌냐 브라빠 홀?
Lapangan golf ini punya berapa hole?

■ 티 오프는 몇 시입니까?
티 오프냐 잠 브라빠?
Tee offnya jam berapa?

■ 캐디 한 명 배치해주세요.
민따 스디아깐 사뚜 오랑 캐디.
Minta sediakan satu orang caddy.

■ 잘 쳤어요(나이스 샷).
뿌꿀란냐 바구스.
Pukulannya bagus.

■ 당신 차례예요.
길리란 안다.
Giliran Anda.

관광 주요 단어

관광

여행사	비로 위사따	biro wisata
여행 일정	자드왈 위사따	jadwal wisata
여행 가이드	쁘만두 위사따	pemandu wisata
집합 장소	뜸빳 브르꿈뿔	tempat berkumpul
관광 투어	쁘르잘라난 위사따	perjalanan wisata
관광 명소	옵젝 위사따 양 뜨르끄날	objek wisata yang terkenal
관광 정보	인포르마시 위사따	informasi wisata
관광 안내 책자	브로수르 인포르마시 위사따	brosur informasi wisata
자유 시간	왁뚜 루앙	waktu luang
박물관	무세움	museum
미술관	갈레리	galeri
전시회	빠메란	pameran
축제	뻬스따	pesta

극장 및 공연장

매표소	로껫 까르찌스	loket karcis
입장권	띠껫 마숙	tiket masuk
공연	쁘르뚠주깐	pertunjukan
상영 시간	왁뚜 따양	waktu tayang
앞쪽	바기안 드빤	bagian depan
가운데쪽	바기안 뜽아	bagian tengah
뒤쪽	바기안 블라깡	bagian belakang
무대 인사	살람 쁨부까안 아짜라	salam pembukaan acara
주연 배우	악또르 우따마	aktor utama

8

쇼핑 정보

쇼핑 필수 표현

상점 찾기

물건 고르기

포장하기

계산하기

교환 · 환불

쇼핑 주요 단어

쇼핑 즐기기

여행에서 빼놓을 수 없는 즐거움이 바로 쇼핑입니다. 일부 사람들은 쇼핑을 목적으로 여행에 나서기도 하는데요. 원하는 물건을 사기 위해서는 어떻게 말해야 하는지 확인해 볼까요.

쇼핑정보

가볼 만한 쇼핑가

1 쇼핑가 shopping street

주로 관광지 주변으로 많은 쇼핑 상가들이 밀집해 있다. 대표적인 쇼핑 특화 거리로 조성 중인 자카르타 메가 쿠닝안 지역의 복합단지(치푸트라 월드 자카르타)가 있다.

2 쇼핑몰, 백화점

그랜드인도네시아몰, 플라자인도네시아, 몰센트럴파크, 스나얀 시티, 마따하리

3 아웃렛 outlet

반둥 지역에 중소 규모의 아울렛이 밀집되어 있다.

4 전자상가

망가두아(ITC) 전자상가, 용산 전자상가와 비슷한 글로독이란 전자상가가 있다.

5 유명한 체인점

Gramedia 서점, Hanamasa 뷔페식 레스토랑, 찌안주르(IBC) 등이 있다.

6 할인 매장 Discount Store

대표적으로 Makro, 까르푸, 롯데마트가 있다.

7 벼룩시장 flea market

다양한 중고 물품을 저렴하게 즐기려면 시장에 가서 개인이 운영하는 샵에서 구입하면 된다.

쇼핑 필수 표현

_____을(를) 찾고 있어요.

사야 스당 믄짜리~
Saya sedang mencari~

□ 셔츠 끄메자 kemeja	□ 넥타이 다시 dasi	□ 스커트 록 rok
□ 바지 쫄라나 celana	□ 반바지 쫄라나 뻰덱 celana pendek	□ 청바지 진스 jeans
□ 속옷 쫄라나 달람 celana dalam	□ 모자 또뻬 topi	□ 운동화 스빠뚜 올라라가 sepatu olahraga

_____을(를) 보여주세요.

똘롱 뚠죽깐~
Tolong tunjukkan ~

□ 이것 이니 ini	□ 다른 것 양 라인 yang lain	□ 더 큰 것 양 르비 브사르 yang lebih besar
□ 더 작은 것 양 르비 끄찔 yang lebih kecil	□ 더 싼 것 양 르비 무라 yang lebih murah	□ 더 좋은 것 양 르비 바구스 yang lebih bagus
□ 다른 브랜드 메렉 양 라인 merek yang lain	□ 다른 사이즈 우꾸란 양 라인 ukuran yang lain	□ 다른 색상 와르나 양 라인 warna yang lain

상점 찾기

- 쇼핑 센터는 어디 있어요?
  디 마나 뿌삿 쁘르블란자안?
  Di mana pusat perbelanjaan?

- 푸드코트는 어디 있어요?
  디 마나 푸드코트?
  Di mana food court?

- 백화점이 어디입니까?
  디 마나 몰냐?
  Di mana mallnya?

- 근처에 재래 시장이 있나요?
  아다 빠사르 뜨라디시오날 드깟 시니?
  Ada pasar tradisional dekat sini?

- 여성복 매장은 어디 있어요?
  디 마나 또꼬 빠까이안 와니따?
  Di mana toko pakaian wanita?

- 아이들 장난감 가게는 어디 있어요?
  디 마나 또꼬 마이난 아낙아낙?
  Di mana toko mainan anak-anak?

■ 기념품 가게는 어디 있어요?
  디 마나 또꼬 쯘드라마따?
  Di mana toko cenderamata?

■ 화장품 가게는 어디 있어요?
  또꼬 꼬스메띡냐 디 마나?
  Toko kosmetiknya di mana?

■ 전자 제품 매장이 어디 있어요?
  디 마나 또꼬 바랑 엘렉뜨로닉?
  Di mana toko barang elektronik?

■ 몇 시에 문을 엽니까?
  잠 브라빠 부까?
  Jam berapa buka?

■ 몇 시에 문을 닫습니까?
  잠 브라빠 뚜뚭?
  Jam berapa tutup?

■ 이곳은 24시간 영업합니다.
  디 시니 부까 두아뿔루 음빳 잠.
  Di sini buka 24 jam.

물건 고르기

■ 무엇을 도와 드릴까요?
아빠 양 비사 사야 반뚜?
Apa yang bisa saya bantu?

■ 그냥 구경하는 거예요.
사야 하냐 리핫리핫 사자.
Saya hanya lihat-lihat saja.

■ 이런 거 있나요?
아다 양 스쁘르띠 이니?
Ada yang seperti ini?

■ 향수를 사고 싶어요.
사야 마우 블리 빠르품.
Saya mau beli parfum.

■ 가방 좀 보고 있어요.
사야 스당 리핫 따스.
Saya sedang lihat tas.

■ 이 가방은 진짜 가죽인가요?
꿀릿 따스 이니 아슬리?
Kulit tas ini asli?

- 어떤 브랜드를 원하십니까?
  마우 메렉 아빠?
  Mau merek apa?

- 이 제품은 어디에서 만들어진 것이죠?
  쁘로둑 이니 부아딴 마나?
  Produk ini buatan mana?

- 어떤 것이 더 좋은가요?
  양 마나 르비 바구스?
  Yang mana lebih bagus?

- 색이 너무 어둡네요.
  와르나냐 뜨를랄루 글랍.
  Warnanya terlalu gelap.

- 다른 색이 좋을 것 같아요.
  르비 바익 와르나 양 라인.
  Lebih baik warna yang lain.

- 사이즈 좀 봐주세요.
  똘롱 쩩 우꾸란냐.
  Tolong cek ukurannya.

■ 이 옷 입어봐도 될까요?
  빠까이안 이니 볼레 디쪼바?
  Pakaian ini boleh dicoba?

■ 탈의실이 어디입니까?
  디 마나 루앙 간띠냐?
  Di mana ruang gantinya?

■ 딱 맞아요.
  딱 맞아요.
  Pas sekali.

■ 이건 최신 상품인가요?
  이니 쁘로둑 뜨르바루?
  Ini produk terbaru?

■ 이것 좀 보여주세요.
  똘롱 뚠죽깐 이니.
  Tolong tunjukkan ini.

■ 이것은 원단이 무엇입니까?
  이니 바한 아빠?
  Ini bahan apa?

■ 싼 것으로 보여주세요.
  사야 마우 리핫 양 무라.
  Saya mau lihat yang murah.

■ 제일 잘 팔리는 옷이 어떤 것인가요?
  마나 빠까이안 양 뜨를라리스?
  Mana pakaian yang terlaris?

■ 내가 원하는 것이 아니네요.
  이니 부깐 양 사야 잉인깐.
  Ini bukan yang saya inginkan.

■ 생각 좀 해보고요.
  사야 마우 삐끼르삐끼르 둘루.
  Saya mau pikir-pikir dulu.

■ 이거랑 저거 하나씩 주세요.
  민따 이니 단 이뚜 마싱마싱 사뚜.
  Minta ini dan itu masing-masing satu.

■ 그걸로 갖다드리겠습니다.
  사야 아깐 음바와냐.
  Saya akan membawanya.

■ 다른 것은 없어요?
띠닥 아다 양 라인?
Tidak ada yang lain?

■ 좀 더 둘러보고 올게요
사야 아깐 끄 시니 라기 스뜰라 리핫리핫 둘루
Saya akan ke sini lagi setelah lihat-lihat dulu.

포장하기

■ 선물용으로 포장해주세요.
똘롱 디붕꾸스 까도.
Tolong dibungkus kado.

■ 따로따로 포장해주세요.
똘롱 디붕꾸스 슨디리슨디리.
Tolong dibungkus sendiri-sendiri.

■ 같이 포장해주세요.
똘롱 디붕꾸스 브르사마.
Tolong dibungkus bersama.

■ 포장지는 어떤 것으로 해 드릴까요?
마우 디붕꾸스 등안 깐똥 아빠?
Mau dibungkus dengan kantong apa?

■ 종이백이요.
깐똥 끄르따스.
Kantong kertas.

■ 비닐백이요.
깐똥 쁠라스띡.
Kantong plastik.

- 배달해주나요?

  비사 디안따르?

  Bisa diantar?

- 여기로 보내주세요.

  똘롱 끼림 디 시니.

  Tolong kirim di sini.

- 얼마나 걸릴까요?

  끼라끼라 쁘를루 왁뚜 브라빠 라마?

  Kira-kira perlu waktu berapa lama?

- 3일 내에 받고 싶어요.

  사야 잉인 뜨리마 이니 달람 띠가 하리.

  Saya ingin terima ini dalam tiga hari.

계산하기

- 계산해주세요.
  똘롱 디히뚱.
  Tolong dihitung.

- 너무 비싸요.
  뜨를랄루 마할.
  Terlalu mahal.

- 깎아주세요.
  똘롱 디디스꼰.
  Tolong didiskon.

- 예상했던 것보다 비싸군요.
  르비 마할 다리 양 사야 삐끼르깐.
  Lebih mahal dari yang saya pikirkan.

- 싼 것은 없습니까?
  띠딱 아다 양 무라?
  Tidak ada yang murah?

- 세금이 포함된 건가요?
  수다 뜨르마숙 빠작?
  Sudah termasuk pajak?

■ 여행자 수표를 받습니까?
비사 뜨리마 쩩 쁘르잘라난?

Bisa terima cek perjalanan?

■ 영수증을 주세요.
민따 북띠 쁨바야란냐.

Minta bukti pembayarannya.

■ 교환 가능 기간은 언제까지인가요?
삼빠이 까빤 마사 쁘누까란냐?

Sampai kapan masa penukarannya?

교환 · 환불

■ 교환할 수 있을까요?
비사 디간띠?
Bisa diganti?

■ 네, 가능합니다.
야, 비사.
Ya, bisa.

■ 죄송하지만 불가능합니다.
마아프, 띠닥 비사
Maaf, tidak bisa.

■ 언제 사셨나요?
까빤 믐블리냐?
Kapan membelinya?

■ 어제요.
끄마린.
Kemarin.

■ 치수 좀 바꿔주세요.
똘롱 디간띠 등안 우꾸란 양 라인.
Tolong diganti dengan ukuran yang lain.

- 이것을 반품하고 싶습니다.
  사야 잉인 끔발리깐 바랑 이니.
  Saya ingin kembalikan barang ini.

- 전혀 작동하지 않아요.
  이니 띠닥 잘란 사마 스깔리.
  Ini tidak jalan sama sekali.

- 이것 좀 고쳐주세요.
  똘롱 쁘르바이끼 이니.
  Tolong perbaiki ini.

- 환불이 가능한가요?
  비사 민따 비아야냐 디끔발리깐?
  Bisa minta biayanya dikembalikan?

- 전혀 사용하지 않았어요.
  사야 사마 스깔리 블룸 빠까이.
  Saya sama sekali belum pakai.

- 영수증 여기 있습니다.
  이니 북띠 쁨바야란냐.
  Ini bukti pembayarannya.

- 책임자를 좀 만날 수 있습니까?
  볼레 사야 브르뜨무 메네즈르?
  Boleh saya bertemu manajer?

- 다른 것으로 바꿔 주세요.
  똘롱 뚜까르 등안 양 라인.
  Tolong tukar dengan yang lain.

- 교환 가능 기간이 언제까지죠?
  마사 쁭간띠안냐 삼빠이 까빤?
  Masa penggantiannya sampai kapan?

쇼핑 주요 단어

의류

바지	쯜라나	celana
치마	록	rok
셔츠	끄메자	kemeja
블라우스	블루스	blus
청바지	진스	jeans
반바지	쯜라나 뻰덱	celana pendek
속옷	쯜라나 달람	celana dalam
신발	스삐뚜	sepatu

전자제품

전자제품	알랏 엘렉뜨로닉	alat elektronik
컴퓨터	꼼뿌뜨르	komputer
카메라	까메라	kamera
전기 면도기	알랏 쭈꾸르 리스뜨릭	alat cukur listrik
이어폰	이어폰	earphone
헤드폰	헤드폰	headphone
충전기	알랏 짜스	alat cas

화장품

화장품	꼬스메띡	kosmetik
스킨 로션	뻴름밥 와자	pelembab wajah
바디 로션	뻴람밥 꿀릿	pelembab kulit
선크림	선 블록	sun blok
브러쉬 세트	쁘르알라딴 시시르 람붓	peralatan sisir rambut
마사지팩	마스끄르 와자	masker wajah
마스카라	마스까라	maskara
립스틱	립스띡	lipstik
향수	빠르품	parfum
매니큐어	짯 꾸꾸	cat kuku
아이쉐도우	아이섀도우	eye shadow

9

전화 · 인터넷 · 우체국 정보

공공기관 필수 표현

전화

우체국

은행

인터넷 카페

공공기관 주요 단어

공공시설 이용

여행을 하다보면 한국으로 전화를 한다거나 소포를 부치거나 인터넷을 이용하는 등의 이유로 인도네시아어를 사용해야 할 상황이 생기게 됩니다. 한순간도 방심할 수 없겠죠?

전화

국제 전화 Oversea call

국제 전화 사용 방법

해외에서 사용하는 국제 전화는 어느 곳이든 비싼 요금일 수밖에 없다. 최근에 여행자들이 많이 사용하는 스마트폰의 경우, 자동 로밍 서비스나 스마트폰 전용 유심칩을 현지에서 구입, 사용할 수 있다. 친구들과 부모님 등 국내로 전화를 걸어야 하는 경우나 현지의 숙소, 레저 활동 예약을 하거나 확인을 위해서도 전화 통화는 필요하다. 그러나 비싼 요금이 부담이 될 수밖에 없다. 짧은 일정의 단기 여행자들이라면, 숙소 내에 전화를 사용하거나, 거리의 공중 전화, 와르텔Wartel이라 불리는 현지 전화, 인터넷 전화, 핸드폰 등을 이용할 수 있다.

현지에서 직통 전화 이용하기

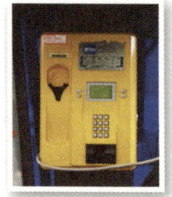

거리의 공중 전화를 이용하는 경우, 전화기의 표시된 매뉴얼을 참고하면 된다. 수신자 부담 전화나 직통 전화 방식을 이용할 수 있으며 사용 방법은 국제 전화 번호 (001, 002, 00700 등) + 국가 번호 (82) + 0을 뺀 지역 번호 + 상대방 번호를 누르면 된다. 예를 들면, 02-418-5135로 전화하는 경우 0028224185135로, 010-9584-7010으로 전화하는 경우 00700821095847010로 한다.

현지 핸드폰 구입하기

인도네시아에 오래 있게 될 경우나, 짧은 여행이라도 개인의 취향에 따라 핸드폰을 구입하여 사용할 수 있다. 우리나라와는 다른 심 카드 시스템을 사용하기 때문에 이를 위해서는 저렴한 단말기를 구입하는 것이 편리하다(유심 카드를 교체해서 사용하는 스마트폰은 예외). 단말기를 구입하면 인도네시아뿐만 아니라 다른 나라에서도 사용 가능하기 때문에 유용하게 사용할 수 있다. 기능이나 브랜드에 따라 다양한 가격대를 형성한다. 유심 루피아 카드란 보통 번호를 부여 하는 카드인데, 유심 카드의 가격은 20,000루피아다. 이것을 충전을 해서 쓰는 식이다. 통신 회사별로 약간의 장단점이 있다.

- 대표 심 카드 소개

인도네시아에서 가장 많이 사용하는 카드로 심빠티Simpati, 엑스엘XL, 인도샷Indosat 등이 있다. 엑스엘의 경우는 한국으로의 국제 전화가 싼 편이어서 많은 여행자들이 사용한다. 단, 한국에 전화를 걸려면, 국가 번호, 핸드폰 번호 앞에 01000을 붙여야 한다(예 01000+82+01012345678). 인도샷의 경우는 국제 전화 보다는 인도네시아 안에서의 전화를 많이 하는 여행자에게 추천한다. 한국으로의 전화는 01016을 붙인다(예 01016+82+1012345678). 심빠티의 경우는 최근에 생긴 것으로, 중간 정도 되는 느낌이다. 한국으로의 전화는 01017을 붙여야 한다. 핸드폰을 충전 할 때는 보통 25,000루피아 또는 50,000루피아씩 충전을 한다. 충전시에는 약 2,000루피아 정도를 더 낸다.

인터넷

1. 호텔이나 유스호스텔 등 숙소에서 컴퓨터 및 인터넷 서비스를 제공해주는 경우가 많으므로 잘 활용하도록 한다.
2. 한국의 PC방과 같은 개념의 인터넷 카페를 종종 찾을 수 있는데, 인터넷 속도도 느린 편이고 시설은 열악하지만 있는 게 어딘가! 요금은 10분에 1,000~2,000루피아 정도이다.
3. 노트북을 가져갔다면 스타벅스같은 커피숍이나 레스토랑, 패스트푸드점이나 간혹 편의점에서도 무선 인터넷을 사용할 수 있다.

우체국

우편

여행 중 엽서 및 우표는 쉽게 구할 수 있지만, 항공 우편을 이용해야 하므로 우체국에 꼭 들러야 한다. 받는 사람 칸에 To South Korea 정도만 기입하고 나머지 주소는 한글로 써도 무방하니 겁먹지 말자.

소포

한국으로 소포를 보내는 방법은 항공편이나 택배, 선박을 이용하는 세 가지 방법이 있다. 항공편은 빨리 도착하지만 요금이 비싸고, 선박편은 시간이 오래 걸리는 대신 요금이 저렴한 장단점이 있다. 소포인 경우 우체국에서 내용물 검사를 하는 나라도 종종 있으므로 너무 예쁘게 포장해서 가져갔다가는 마음을 상할 수 있다.

공공기관 필수 표현

가까운_____이(가) 어디예요?

디 마나 _____양 드깟?
Di mana ~_____ yang dekat?

□ 은행 방 bank	□ 환전소 뜸빳 쁘누까란 우앙 tempat penukaran uang	□ 파출소 깐또르 뽈리시 kantor polisi
□ 인터넷 카페 와르넷 warnet	□ 약국 아뽀떽 apotek	□ 병원 루마 사낏 rumah sakit
□ 여행사 비로 위사따 biro wisata	□ 우체국 깐또르 뽀스 kantor pos	□ 도서관 쁘르뿌스따까안 perpustakaan

여보세요, _____ 인가요?

할로. 이니 _____?
Halo. ini _____?

□ 김양 사우다리 김 Saudari Kim	□ 김군 사우다라 김 Saudara Kim	□ 김선생님(아저씨) 바빡 김 Bapak Kim
□ 김선생님(아주머니) 이부 김 Ibu kim	□ 공항 반다라 bandara	□ 버스 터미널 뜨르미날 부스 terminal bus
□ 대사관 끄두따안 브사르 kedutaan besar	□ 인도네시아 레스토랑 레스또란 인도네시아 restoran Indonesia	□ 피트니스 센터 피트니스 센뜨르 fitness-center

전화

■ 여보세요?
　할로?
　Halo?

■ 누구를 찾으세요?
　마우 비짜라 등안 시아빠?
　Mau bicara dengan siapa?

■ 헨드리 씨와 통화할 수 있을까요?
　비사 비짜라 등안 바빡 헨드리?
　Bisa bicara dengan bapak Hendry?

■ 꼬망 씨 계십니까?
　아다 바빡 꼬망?
　Ada bapak Komang?

■ 저입니다.
　이니 사야.
　Ini saya.

■ 끊지 말아 주세요.
　뗄레뽄냐 장안 디뚜뚭 둘루.
　Teleponnya jangan ditutup dulu.

■ 잠깐만 기다려주십시오.
똘롱 뚱구 스븐따르.
Tolong tunggu sebentar.

■ 여보세요. 저는 황우중입니다.
할로. 사야 황우중.
Halo. Saya Hwang Woojoong.

■ 저는 인도네시아어를 못합니다.
사야 띠닥 비사 브르바하사 인도네시아.
Saya tidak bisa berbahasa Indonesia.

■ 한국어 할 수 있는 분 계세요?
아다 오랑 양 비사 브르바하사 꼬레아?
Ada orang yang bisa berbahasa Korea?

■ 영어 할 수 있는 분 계세요?
아다 오랑 양 비사 브르바하사 잉그리스?
Ada orang yang bisa berbahasa Inggris?

■ 아리프 씨는 통화 중입니다.
바빡 아리프 스당 뜨리마 뗄레뽄 양 라인.
Bapak Arief sedang terima telepon yang lain.

■ 그는 지금 부재 중인데요.
디아 스당 띠닥 아다 디 뜸빳.
Dia sedang tidak ada di tempat.

■ 몇분 뒤에 다시 걸어주세요.
똘롱 뗄레뽄 브브라빠 므닛 라기.
Tolong telepon beberapa menit lagi.

■ 전하실 말씀이 있습니까?
아다 양 잉인 디삼빠이깐?
Ada yang ingin disampaikan?

■ 제게 전화를 부탁한다고 전해주세요.
똘롱 삼빠이깐 아가르 디아 뗄레뽄 사야.
Tolong sampaikan agar dia telepon saya.

■ 전화 번호를 알려주세요.
똘롱 브리 따우 노모르 뗄레뽄냐.
Tolong beri tahu nomor teleponnya.

■ 잘 안 들려요.
띠닥 뜨르등아르 등안 바익.
Tidak terdengar dengan baik.

■ 다시 한 번 말씀해주시겠어요?
　비사 비짜라 스깔리 라기?

Bisa bicara sekali lagi?

■ 문자 메시지로 말씀 나누시죠.
　끼따 비짜라 레왓 에스엠에스 사자.

Kita bicara lewat SMS saja.

우체국

■ 가장 가까운 우체국이 어디에 있습니까?
디 마나 깐또르 뽀스 뜨르드깟?
Di mana kantor pos terdekat?

■ 우표와 우편 카드는 어디에서 팝니까?
디 마나 뜸빳 주알 쁘랑꼬 단 까르뚜 뽀스?
Di mana tempat jual perangko dan kartu pos?

■ 우체통이 어디에 있습니까?
디 마나 꼬딱 뽀스냐?
Di mana kotak posnya?

■ 우표 한 장 주세요.
민따 슬렘바르 쁘랑꼬.
Minta selembar perangko.

■ 보통 우편으로 보내고 싶습니다.
사야 마우 끼림 레왓 뽀스 비아사.
Saya mau kirim lewat pos biasa.

■ 항공 우편으로 보내고 싶습니다.
사야 마우 끼림 레왓 뽀스 우다라.
Saya mau kirim lewat pos udara.

■ 속달로 부치고 싶은데요.
사야 마우 끼림 레왓 뽀스 낄랏.
Saya mau kirim lewat pos kilat.

■ 이것을 보내는 데 요금은 얼마입니까?
브라빠 옹꼬스 쁭이리만냐?
Berapa ongkos pengirimannya?

■ 이 소포를 한국에 보내고 싶어요.
사야 잉인 끼림 빠껫 이니 끄 꼬레아.
Saya ingin kirim paket ini ke Korea.

■ 한국까지 며칠 걸립니까?
쁘를루 왁뚜 브라빠 라마 삼빠이 끄 꼬레아?
Perlu waktu berapa lama sampai ke Korea?

■ 최대한 빨리 보내고 싶어요.
사야 잉인 끼림 이니 스쯔빳 뭉낀.
Saya ingin kirim ini secepat mungkin.

■ 무게를 좀 달아봐주세요.
똘롱 띰방 브랏냐.
Tolong timbang beratnya.

■ 배달 증명서를 주세요.
똘롱 브리깐 북띠 뼁이리만이냐 끄빠다 사야.

Tolong berikan bukti pengirimannya kepada saya.

■ 액체 물질을 보낼 수 있나요?
볼레 끼림 븐다 짜이르?

Boleh kirim benda cair?

■ 안에 무엇이 들어 있습니까?
아빠 이시냐?

Apa isinya?

■ 책이 들어 있습니다.
이시냐 부꾸.

Isinya buku.

■ 옷이 들어 있습니다.
이시냐 빠까이안.

Isinya pakaian.

■ 깨질 물건은 들어 있지 않아요.
띠닥 아다 바랑 쁘짜 블라 디 달람냐.

Tidak ada barang pecah belah di dalamnya.

은행

■ 은행 계좌를 만들고 싶습니다.
사야 잉인 부까 레끄닝.

Saya ingin buka rekening.

■ 계좌를 만드는 데 필요한 것이 뭔가요?
아빠 샤랏 운뚝 부까 레끄닝?

Apa syarat untuk buka rekening?

■ 신용 카드를 만들고 싶습니다.
사야 잉인 부앗 까르뚜 끄레딧.

Saya ingin buat kartu kredit.

■ 송금을 하고 싶습니다.
사야 잉잉 뜨란스프르 우앙.

Saya ingin transfer uang.

■ 오늘 달러 환율이 어떻게 되죠?
브라빠 닐라이 뚜까르 돌라르 하리 이니?

Berapa nilai tukar dolar hari ini?

■ 구매가는 1달러에 9,200루피아입니다.
하르가 블리 운뚝 사뚜 돌라르 슴빌란리부두라뚜스 루삐아.

Harga beli untuk satu dolar Rp9.200.

■ 판매가는 1달러에 9,200루피아입니다.
하르가 주알 운뚝 사뚜 돌라르 슴빌란리부리마라뚜스 루삐아.

Harga jual untuk satu dolar Rp9.500.

■ 환전 신청서를 써주세요.
모혼 이시 포르물리르 쁘누까란 이니.

Mohon isi formulir penukaran ini.

■ 돈을 세보세요.
모혼 디히뚱 우앙냐 둘루.

Mohon dihitung uangnya dulu.

■ 대기표를 뽑아주세요.
똘롱 암빌 노모르 안뜨리안냐.

Tolong ambil nomor antriannya.

- 제 신용 카드가 정지되었어요.
  까르뚜 끄레딧 사야 뜨르블로끼르.

  Kartu kredit saya terblokir.

- 제 신용 카드 한도가 얼마나 남았죠?
  브라빠 시사 리밋 까르뚜 끄레딧 사야?

  Berapa sisa limit kartu kredit saya?

인터넷 카페

■ 근처에 인터넷 카페가 있나요?
아다 와르넷 디 스끼따르 시니?

Ada warnet di sekitar sini?

■ 한 시간에 얼마예요?
브라빠 옹꼬스냐 운뚝 사뚜 잠?

Berapa ongkosnya untuk satu jam?

■ 한글을 쓸수 있는 컴퓨터가 있나요?
아다 꼼뿌뜨르 양 비사 빠까이 바하사 꼬레아?

Ada komputer yang bisa pakai bahasa Korea?

■ 인터넷이 너무 느리네요.
인뜨르넷냐 뜨를랄루 람밧.

Internetnya terlalu lambat.

■ 자리를 옮겨도 될까요?
볼레 사야 삔다 뜸빳 두둑?

Boleh saya pindah tempat duduk?

■ 인터넷이 안 되요.
띠닥 비사 믕악세스 인뜨르넷.

Tidak bisa mengakses internet.

■ 프린터를 사용할 수 있어요?
비사 빠까이 쁘린뜨르?

Bisa pakai printer?

■ 도와주세요. 파일을 어디에 저장했는지 잊어버렸어요.
똘롱 사야. 사야 루빠 파일냐 심빤 디 마나.

Tolong saya. Saya lupa filenya simpan di mana.

공공기관 주요 단어

기관 명칭

한국 대사관	끄두따안 브사르 꼬레아	Kedutaan besar Korea
인도네시아 대사관	끄두따안 브사르 인도네시아	Kedutaan besar Indonesia
경찰서	깐또르 뽈리시	kantor polisi
소방서	뽀스 쁘마담 끄바까란	pos pemadam kebakaran
병원	루마사낏(에르에스)	Rumah Sakit(RS)
분실물 센터	뿌삿 쁠라뽀란 바랑 힐랑	pusat pelaporan barang hilang

은행

지폐	우앙 끄르따스	uang kertas
동전	우앙 꼬인	uang koin
현금	투나이	tunai
계좌 번호	노모르 레끄닝	nomor rekening
신용 카드	까르뚜 끄레딧	kartu kredit
신분증	까르뚜 이덴띠따스	kartu identitas
환전	쁘누까란 우앙	penukaran uang
수수료	꼬미시	komisi
창구	로껫	loket
현금 자동 지급기 (ATM)	아떼엠	ATM

인터넷 카페

인터넷 카페	와르넷	warnet
이메일	이메일	e-mail
파일	파일	file
모니터	모니또르	monitor
마우스	마우스	mouse
인터넷	인뜨르넷	internet
검색	쁜짜리안	pencarian
문자	후룹	huruf

10

위기 대처 정보

위기 대처 필수 표현

분실 · 도난

교통 사고

병원

약국

의사소통

위기 대처 주요 단어

위기 대처

해외에서 몸이 아프다거나 물건을 도난 당하는 등의 문제를 겪을때 인도네시아어까지 발목을 잡는다면 더욱 당황하기 마련이죠. 여기서는 여행 중 일어날 수 있는 응급 상황들을 살펴보고 그에 대처하는 말들을 모았습니다.

위기 대처 준비

여행 중 사고가 일어났을 때

1. 기본적으로 자신의 신변은 스스로 책임지고 지켜야 한다.
2. 절대 현지인의 감언에 따라 그를 따라 가지 말고, 노숙자의 구걸 행위에 당황하거나 금전을 주지 말자.
3. 경찰의 법집행 명령에는 반드시 순응하고, 무장 강도를 만났을 경우, 무리하게 대처하지 말고 요구에 응한다.
4. 야간에 다니는 것은 범죄의 표적이 될 수 있으므로 자제하자.

1 여권 도난

여권을 잃어버리면 경찰서에 분실 신고를 하고, 한국 대사관이나 영사관에 가서 여행 임시 증명서를 발급받는다.

2 항공권 분실

해당 항공사의 현지 공항 또는 사무실로 가서 분실 티켓 재발행을 신청한다. 티켓 1장당 약 USD 50달러.

3 지갑 분실

지갑을 분실하면 곧장 가까운 경찰서로 가서 분실 신고를 해야 한다. 여행자 수표를 이용한다면 미리 수표 번호와 금액, 발행 일자를 적어두자. 그러면 쉽게 재발급 받을 수 있다.

4 짐 분실

공항에서나 현지에서 짐을 분실한 경우 우선 가까운 파출소에 가서 분실 신고를 해야 한다. 만약 짐을 찾지 못했다면 보험 가입자에 한해 소정의 보상을 받을 수 있다.

5 고통 사고

사고 처리는 가급적 경찰이 입회한 가운데 하는 것이 좋다. 피해자 리포트를 필히 작성하여 줄 것을 요청한다. 피해자 리포트는 보험 처리시 가장 중요하므로 원본을 받아야 한다.

6 몸이 아플 때

가까운 약국에서 상비약을 구입할 수 있다. 그러나 증상이 심할 경우 곧장 병원으로 가자. 진단서와 치료비 영수증 원본을 받아둔다. 그리고 필요시 여행자 보험 24시간 콜센터에 전화한다.

7 자금의 압박으로 여행을 지속할 수 없을 때

사고, 질병, 현금, 신용 카드 분실, 도난으로 여행을 지속하기 힘든 경우, 해외 체류 2년 미만의 대한민국 국민이라면 1회에 한하여 미화 3천불 상당을 지원받을 수 있는 신속 해외 송금 제도를 이용하자. 외교통상부 http://www.mofat.go.kr 홈페이지에서 상세 정보 확인한다.

8 꽃남·꽃녀의 과도한 친절, 일단 경계하기!

해외에서 낯선 사람이 건네준 음료를 마시거나 음식을 먹다가 피해를 입는 사례가 종종 있다. 또한 한국에 관심이 많다거나 한국어를 배우고 싶다며 접근하는 현지인이 많으니 주의해야 한다.

위기 대처 필수 표현

_____을(를) 잃어버렸어요.

_____ 사야 끄힐랑안~.
_____ Saya kehilangan.

□ 가방 따스 tas	□ 지갑 돔뼷 dompet	□ 지도 쁘따 peta
□ 카드 까르뚜 끄레딧 kartu kredit	□ 여행자 수표 쩩 쁘르잘라난 cek perjalanan	□ 노트북 랩톱 laptop
□ 카메라 까메라 kamera	□ 현금 우앙 뚜나이 uang tunai	□ 어린이 아낙 anak

_____ 이(가) 사라져버렸어요.

_____ 힐랑.
_____ Hilang.

□ 핸드폰 하빼 HP	□ 열쇠 꾼찌 kunci	□ 신발 스빠뚜 sepatu
□ 옷 빠까이안 pakaian	□ 애완동물 비나땅 쁠리하라안 binatang peliharaan	□ 자동차 모빌 mobil
□ 귀중품 바랑 브르하르가 barang berharga	□ 주민등록증 까르뚜 이덴띠따스 kartu identitas	□ 운전 면허 심 SIM

분실 · 도난

■ 제 아이가 없어졌어요.
아낙 사야 힐랑.
Anak saya hilang.

■ 여권을 잃어버렸어요.
사야 끄힐랑안 빠스뽀르.
Saya kehilangan paspor.

■ 지갑을 도난당했어요.
돔뻿 사야 끄쭈리안.
Dompet saya kecurian.

■ 가방을 택시에 놓고 내렸어요.
따스 사야 뜨르띵갈 디 달람 딱시.
Tas saya tertinggal di dalam taksi.

■ 분실물 센터가 어디인가요?
디 마나 뿌삿 쁠라뽀란 바랑 힐랑?
Di mana pusat pelaporan barang hilang?

■ 경찰서에 전화해주세요.
똘롱 후붕이 깐또르 뽈리시.
Tolong hubungi kantor polisi.

- 도난 신고를 해야겠어요.
  사야 마우 믈라뽀르깐 쁜쭈리안.
  Saya mau melaporkan pencurian.

- 한국 대사관은 어떻게 갑니까?
  바가이마나 쁘르기 끄 끄두따안 브사르 꼬레아?
  Bagaimana pergi ke Kedutaan besar Korea?

- 한국어를 하시는 분으로 부탁합니다.
  민따 오랑 양 비사 브르바하사 꼬레아.
  Minta orang yang bisa berbahasa Korea.

- 분실 증명서를 만들어주세요.
  똘롱 부앗 수랏 북띠 끄힐랑안냐.
  Tolong buat surat bukti kehilangannya.

교통 사고

- 도와주세요!
  똘롱!
  Tolong!

- 경찰을 불러주세요.
  똘롱 빵길 뽈리시.
  Tolong panggil polisi.

- 교통 사고를 신고하려고 합니다.
  사야 마우 믈라뽀르깐 끄쨀라까안 랄루린따스.
  Saya mau melaporkan kecelakaan lalu-lintas.

- 구급차를 불러주세요.
  똘롱 빵길 암불란스.
  Tolong panggil ambulans.

- 다친 사람이 있습니까?
  아다 오랑 양 뜨를루까?
  Ada orang yang terluka?

- 제 친구가 많이 다쳤어요.
  뜨만 사야 뜨를루까 빠라.
  Teman saya terluka parah.

■ 머리에 피를 흘려요.
   꼬빨라냐 브르다라.
   Kepalanya berdarah.

■ 사고 지역이 어디인가요?
   디 마나 로까시 끄쯜라까안냐?
   Di mana lokasi kecelakaannya?

■ 시청 근처에 있어요.
   디 드깟 발라이 꼬따.
   Di dekat balai kota.

■ 지금 곧 가겠습니다.
   까미 아깐 스그라 삼빠이 디 시뚜.
   Kami akan segera sampai di situ.

■ 당신은 그 사고에 관련된 사람인가요?
   안다 오랑 양 뜨르까잇 등안 끄쯜라까안 이뚜?
   Anda orang yang terkait dengan kecelakaan itu?

■ 이 부근에 병원이 있나요?
   디 스끼따르 시니 아다 루마 사낏?
   Di sekitar sini ada rumah sakit?

235

■ 병원에 데려다주세요.
똘롱 안따르 사야 끄 루마 사낏.
Tolong antar saya ke rumah sakit.

■ 제가 차를 들이받았어요.
사야 므나브락 모빌냐.
Saya menabrak mobilnya.

■ 그가 제 차를 들이받았어요.
디아 므나브락 모빌 사야.
Dia menabrak mobil saya.

■ 제 잘못입니다.
사야 양 브르살라.
Saya yang bersalah.

■ 그 사람 잘못입니다.
디아 양 브르살라.
Dia yang bersalah.

■ 견인차를 불러야겠어요.
스쁘르띠냐 하루스 므망길 모빌 데렉.
Sepertinya harus memanggil mobil derek.

병원

■ 사고를 당했어요.
사야 끄쯜라까안.
Saya kecelakaan.

■ 어디가 아프세요?
바기안 마나 양 사낏?
Bagian mana yang sakit?

■ 여기가 아파요.
바기안 이니 사낏.
Bagian ini sakit.

■ 언제부터 아프셨나요?
물라이 까빤 사낏냐?
Mulai kapan sakitnya?

■ 이 증상이 얼마나 됐나요?
그잘라냐 수다 브라빠 라마?
Gejalanya sudah berapa lama?

■ 많이 아파요.
사낏 스깔리.
Sakit sekali.

- 저는 임산부예요.
  사야 스오랑 이부 하밀.
  Saya seorang ibu hamil.

- 몸살이 났어요.
  사야 므리앙.
  Saya meriang.

- 현기증이 나요.
  사야 뿌싱.
  Saya pusing.

- 감기에 걸린 것 같아요.
  라사냐 뜨르끄나 플루.
  Rasanya terkena flu.

- 저는 알레르기가 있어요.
  사야 아다 알레르기.
  Saya ada alergi.

- 저는 고혈압이 있어요.
  사야 믄드리따 뜨까난 다라 띵기.
  Saya menderita tekanan darah tinggi.

■ 체온을 재 보겠습니다.
쪼바 사야 우꾸르 수후 바단 안다.
Coba saya ukur suhu badan Anda.

■ 혈액형이 무엇입니까?
아빠 골롱안 다라냐?
Apa golongan darahnya?

■ B형입니다.
골롱안 다라냐 베.
Golongan darahnya B.

■ 피임약을 복용하고 싶어요.
사야 잉인 믕구나깐 삘 까베.
Saya ingin menggunakan pil KB.

■ 아이가 발작을 해요.
아낙 사야 끄장.
Anak saya kejang.

■ 아이가 계속 기침을 해요.
아낙 사야 뜨루스 바뚝.
Anak saya terus batuk.

■ 입원을 해야 하나요?
  하루스 디옵나므?
  Harus diopname?

■ 수술을 해야 할까요?
  하루스 디오쁘라시?
  Harus dioperasi?

■ 환자 상태가 위험합니다.
  빠시엔 끄리띠스.
  Pasien kritis.

■ 낫는 데 얼마나 걸릴까요?
  쁘를루 왁뚜 브라빠 라마 삼빠이 슴부?
  Perlu waktu berapa lama sampai sembuh?

■ 여행을 계속할 수 있을까요?
  아빠 사야 비사 뜨루스깐 쁘르잘라난?
  Apa saya bisa teruskan perjalanan?

■ 아스피린이 있나요?
  아다 아스삐린?
  Ada aspirin?

■ 감기약이 있나요?
　아다 오밧 플루?
　Ada obat flu?

■ 응급실이 어디인가요?
　루앙 다루랏 아다 디 마나?
　Ruang darurat ada di mana?

약국

■ 약국이 어디에 있나요?
  디 마나 아뽀떽?
  Di mana apotek?

■ 이 약은 어떻게 먹습니까?
  바가이마나 미눔 오밧 이니?
  Bagaimana minum obat ini?

■ 하루 세 번 식후에 드세요.
  미눔 사자 띠가 깔리 스하리 스뜰라 마깐.
  Minum saja 3 kali sehari setelah makan.

■ 배탈약이 있나요?
  아다 오밧 사낏 쁘룻?
  Ada obat sakit perut?

■ 멀미약이 있나요?
  아다 오밧 안띠 마북?
  Ada obat anti mabuk?

■ 진통제가 있나요?
  아다 오밧 쁘르다 사낏?
  Ada obat pereda sakit?

의사소통

- 인도네시아어를 할 줄 알아요?
  비사 브르비짜라 바하사 인도네시아?
  Bisa berbicara bahasa Indonesia?

- 조금밖에 못해요.
  스디낏스디낏 사자.
  Sedikit-sedikit saja.

- 이걸 인도네시아어로 어떻게 말하나요?
  바가이마나 브르비짜라 이니 달람 바하사 인도네시아?
  Bagaimana berbicara ini dalam bahasa Indonesia?

- 써주실 수 있나요?
  비사 뚤리스깐 이니?
  Bisa tuliskan ini?

- 무슨 뜻인지 잘 모르겠어요.
  사야 꾸랑 응으르띠.
  Saya kurang mengerti.

- 전혀 이해가 안 되네요.
  사야 띠닥 응으르띠 사마 스깔리.
  Saya tidak mengerti sama sekali.

■ 통역사가 필요해요.
사야 쁘를루 쁘느르즈마.

Saya perlu penerjemah.

■ 인도네시아어로는 설명할 수 없어요.
사야 띠닥 비사 즐라스깐 등안 바하사 인도네시아.

Saya tidak bisa jelaskan dengan bahasa Indonesia.

■ 무슨 뜻인가요?
아빠 아르띠냐?

Apa artinya?

■ 천천히 말씀해주실래요?
비사 브르비짜라 쁠란쁠란?

Bisa berbicara pelan-pelan?

■ 영어 할 수 있는 사람을 불러주세요.
똘롱 빵길 오랑 양 비사 브르바하사 잉그리스.

Tolong panggil orang yang bisa berbahasa Inggris.

■ 인도네시아어는 조금 어렵네요.
바하사 인도네시아 아각 술릿.
bahasa indonesia agak sulit.

위기 대처 주요 단어

각종 사고

교통 사고	끄쁠라까안 랄루린따스	kecelakaan lalu-lintas
견인차	모빌 데렉	mobil derek
구급차	암불란스	ambulans
분실	끄힐랑안	kehilangan
도난	쁜쭈리안	pencurian
도난 신고	쁠라뽀란 쁜쭈리안	pelaporan pencurian
주소	알라맛	alamat
전화 번호	노모르 뗄레뽄	nomor telepon
지갑	돔뼷	dompet
현금	우앙 뚜나이	uang tunai
여권	빠스뽀르	paspor
핸드폰	하뻬 / 뗄레뽄 긍감	HP / telepon genggam

진료 과목

내과	바기안 스뻬시알리스 쁘냐낏 달람	bagian spesialis penyakit dalam
외과	바기안 스뻬시알리스 브다	bagian spesialis bedah
피부과	바기안 스뻬시알리스 꿀릿	bagian spesialis kulit
소아과	바기안 스뻬시알리스 아낙아낙	bagian spesialis anak-anak
안과	바기안 스뻬시알리스 마따	bagian spesialis mata
치과	바기안 스뻬시알리스 기기	bagian spesialis gigi
이비인후과	바기안 스뻬시알리스 떼하떼	bagian spesialis THT
산부인과	바기안 스뻬시알리스 깐둥안	bagian spesialis kandungan

병명

설사	디아레	diare
고름	나나	nanah
알레르기	알레르기	alergi
배탈	사낏 쁘룻	sakit perut
물집	글름붕 아이르	gelembung air
변비	슴블릿	sembelit
생리불순	하이드 띠닥 뜨라뚜르	haid tidak teratur
감기	플루	flu
땀띠	비앙 끄링앗	biang keringat
결막염	라당 슬라뿟 마따	radang selaput mata
다래끼	띰빌	timbil
색맹	부따 와르나	buta warna
충치	기기 브를루방	gigi berlubang
식중독	끄라쭈난 마까난	keracunan makanan
화상	루까 바까르	luka bakar
고혈압	뜨까난 다라 띵기	tekanan darah tinggi
저혈압	뜨까난 다라 른다	tekanan darah rendah
당뇨	끈찡 마니스	kencing manis

증상

아프다	사낏	sakit
쑤시다	응일루	ngilu
매스껍다	무알	mual
어지럽다	뿌싱	pusing
거북하다	끔붕	kembung
열이나다	드맘	demam
붓다	븡깍	bengkak
가래가 나오다	브르다학	berdahak
가렵다	가딸	gatal
부러지다	빠따	patah
(손목, 발목 등을) 삐다	뜨르낄리르	terkilir
뻐근하다	쁘갈	pegal
멍들다	므마르	memar
(어깨 등이) 빠지다	뜨를르빠스	terlepas
(손, 발등이) 저리다	끄스무딴	kesemutan
따끔거리다	쁘리	perih
피나다	브르다라	berdarah

11

귀국 전 체크 사항

귀국 필수 표현

예약 확인

예약

예약 변경

귀국 수속

귀국 주요 단어

귀국하기

벌써 귀국입니다. 신나게 여행하다 보면 어느덧 귀국 시점이 되어 아쉬움이 많이 남습니다. 하지만 다음을 기약하며 마무리를 잘하는 것이 중요하겠죠?

homecoming

귀국 전 체크 사항

이것만큼은 확인하고 공항으로!

기분 좋게 여행했는데 마지막 귀국하는 과정에서 기분을 상하게 된다면 여행 전체를 나쁜 기억으로 남길 수 있다. 반입 금지 품목을 자신도 모르는 사이에 들고와 문제가 생길 수 있으므로 사전에 알아두는 것이 좋다.

1 반입 금지 품목

- 화폐, 지폐, 유가증권 등의 모조품이나 위·변조품 등
- 국제 협약에서 보호하는 멸종 위기에 처한 야생 동·식물 및 이들로 만든 제품 등
- 총기나 도검류(장난감이나 장식용도 포함), 마약류, 향정신성 의약품류 등
- 미풍양속 저해물품(음란 서적 및 CD, 사진, 테이프 등)

2 신고를 요하는 물품

- 긴급 수리용품, 견본품 등 회사 용품
- 출국시 휴대 반출 신고했던 물품을 재반입하는 물품
- 일시 귀국하여 우리나라에서 사용하고 출국시 재반출할 물품
- 우리나라에 반입할 의사가 없어 세관에 보관했다가 출국시 반출할 물품
- 1만 불 상당을 초과하는 외화나 원화, 원화 표시된 자기앞, 당좌수표, 우편환 등

3. 면세 범위

반입하는 모든 물품의 합계 금액이 US600달러를 초과하지 않아야 하며, 주류 1병(1리터 이하), 담배 200개비, 향수 2온스 이내까지만 허용된다.

귀국 필수 표현

_____ 항공편으로 변경하고 싶어요.

사야 잉인 믕우바냐 등안 뽀느르방안 _____.
Saya ingin mengubahnya dengan penerbangan
_____ .

□ 다음 브리꿋냐 berikutnya	□ 다른 라인 lain	□ 아침 빠기 pagi
□ 오후 소레 sore	□ 내일 베속 besok	□ 7월 19일 땅갈 슴빌란 블라스 불란 줄리 tanggal 19 bulan Juli
□ 대한항공 코리언 에어 Korean Air	□ 가루다 인도네시아항공 가루다 인도네시아 Garuda Indonesia	□ 에어 아시아 에어 아시아 Air Asia

_____ 을(를) 가지고 있어요.

사야 뿌냐 _____.
Saya punya _____ .

□ 들고갈 짐 바가시 운뚝 바와 bagasi untuk bawa	□ 부칠 짐 바가시 운뚝 디끼림 bagasi untuk dikirim	□ 충전기 알랏 짜쓰 alat cas
□ 한국 돈 우앙 꼬레아 uang Korea	□ 미국 달러 돌라르 아메리까 dolar Amerika	□ 쿠폰 꾸폰 kupon
□ 과일 깎이용 칼 삐사우 다뿌르 pisau dapur	□ 약 오밧 obat	□ 면세품 바랑 베바스 빠작 barang bebas pajak

예약 확인

■ 예약을 확인하고 싶습니다.
사야 잉인 므마스띠깐 쁘므사난 사야.
Saya ingin memastikan pemesanan saya.

■ 비행기편은요?
아빠 꼬드 쁘느르방안 안다?
Apa kode penerbangan Anda?

■ AB 123기입니다.
아베 사뚜두아띠가.
AB 123.

■ 내일 저녁 11시에 서울로 떠나는 비행기입니까?
쁘느르방안 양 브랑깟 끄 세울 잠 스블라스 소레 베속 깐?
Penerbangan yang berangkat ke Seoul jam 11 sore besok kan?

■ 예약이 확인되었습니다.
쁘므사난 안다 수다 디빠스띠깐.
Pemesanan Anda sudah dipastikan.

■ 명단에 없습니다.
블룸 뜨르다프따르.
Belum terdaftar.

- 그럴 리가요. 저는 이미 예약했는데요.
  띠닥 뭉낀. 사야 수다 쁘산.
  Tidak mungkin. saya sudah pesan.

- 대기자 명단에 올려주세요.
  똘롱 마숙깐 나마 사야 달람 다프따르 뚱구.
  Tolong masukkan nama saya dalam daftar tunggu.

예약

- 지금 예약할 수 있나요?

  비사 쁘산 스까랑?

  Bisa pesan sekarang?

- 오픈 티켓을 가지고 있는데요.

  사야 아다 오픈 띠껫.

  Saya ada open tiket.

- 인천으로 가는 비행기편이 있습니까?

  아다 쁘느르방안 므누주 인천?

  Ada penerbangan menuju Incheon?

- 인천행 비행기를 예약하고 싶어요.

  사야 잉인 쁘산 띠껫 쁘사왓 므누주 인천.

  Saya ingin pesan tiket pesawat menuju Incheon.

- 언제 떠나실 겁니까?

  까빤 마우 브랑깟?

  Kapan mau berangkat?

- 다음 주 토요일이요.

  하리 삽뚜 밍구 드빤.

  Hari sabtu minggu depan.

■ 좌석 등급은 무엇으로 하시겠어요?
안다 잉인 쁘산 끌라스 아빠?
Anda ingin pesan kelas apa?

■ 이코노미 클래스로 주세요.
민따 끌라스 에꼬노미.
Minta kelas ekonomi.

■ 창쪽 자리로 부탁해요.
민따 양 디 드깟 즌델라.
Minta yang di dekat jendela.

■ 연락처를 알려주십시오.
똘롱 브리 따우 노모르 뗄레뽄냐.
Tolong beri tahu nomor teleponnya.

■ 성함의 철자가 어떻게 됩니까?
바가이마나 믕에자 나마 안다?
Bagaimana mengeja nama Anda?

■ 인천행 비행기의 시간표를 알려주세요.
똘롱 브리 따우 자드왈 쁘느르방안 므누주 인천.
Tolong beri tahu jadwal penerbangan menuju Incheon.

예약 변경

■ 예약 상황을 확인할 수 있을까요?
볼레 사야 빠스띠깐 쁘므사난 사야?
Boleh saya pastikan pemesanan saya?

■ 어떻게 변경하시겠어요?
마우 디우바 바가이마나?
Mau diubah bagaimana?

■ 날짜를 바꿔주세요.
똘롱 우바 땅갈냐.
Tolong ubah tanggalnya.

■ 다음 주 월요일에 떠나고 싶습니다.
사야 잉인 브랑깟 하리 스닌 밍구 드빤.
Saya ingin berangkat hari senin minggu depan.

■ 다음 주 월요일에는 자리가 없습니다.
띠닥 아다 뜸빳 하리 스닌 밍구 드빤.
Tidak ada tempat hari senin minggu depan.

■ 다음 주 토요일은 어떻습니까?
바가이마나 하리 삽뚜 밍구 드빤냐?
Bagaimana hari sabtu minggu depannya?

■ 다음 주 토요일은 가능합니다.
하리 삽뚜 밍구 드빤냐 비사.
Hari sabtu minggu depannya bisa.

■ 예약을 취소하려고 합니다.
사야 마우 바딸깐 쁘므사난냐.
Saya mau batalkan pemesanannya.

귀국 수속

■ 여권과 항공권을 보여주세요.
똘롱 뚠죽깐 빠스뽀르 단 띠껫 쁘느르방안.
Tolong tunjukkan paspor dan tiket penerbangan.

■ 창가 자리로 주세요.
민따 뜸빳 양 드깟 즌델라.
Minta tempat yang dekat jendela.

■ 탑승 시간은 언제입니까?
잠 브라빠 마숙 쁘사왓냐?
Jam berapa masuk pesawatnya?

■ 몇 번 탑승구죠?
삔뚜 마숙냐 노모르 브라빠?
Pintu masuknya nomor berapa?

■ 공항세를 내야 합니까?
하루스 음바야르 빠작 반다라?
Harus membayar pajak bandara?

■ 부칠 짐이 있으신가요?
아다 바가시 양 디끼림?
Ada bagasi yang dikirim?

무게 제한을 넘기셨네요.
브랏 바가시 안다 믈르비히 바따스.

Berat bagasi Anda melebihi batas.

무게 제한이 얼마인가요?
브라빠 바따스 브랏 막시뭄냐?

Berapa batas berat maksimumnya?

귀국 주요 단어

예약

예약	쁘므사난	pemesanan
취소	쁨바딸란	pembatalan
발권	쁘느르비딴 띠껫	penerbitan tiket
이륙하다	뜨르방	terbang
착륙하다	믄다랏	mendarat
연착	쁘눈다안	penundaan
환승	뜨란싯	transit
카운터	로껫	loket
공항세	빠작 반다라	pajak bandara
항공기 편명	꼬데 쁘느르방안	kode penerbangan
탑승권	보딩 패스	boarding pass
탑승구	삔뚜 마숙	pintu masuk
대기하다	뚱구	tunggu
수하물 검사	쁘므릭사안 바가시	pemeriksaan bagasi
세관	베아 쭈까이	bea cukai
탑승 수속	쁭우루산 마숙 쁘사왓	pengurusan masuk pesawat
출국 심사	쁘므릭사안 이미그라시	pemeriksaan imigrasi

출국 수속	쁘로세스 이미그라시 디 반다라	proses imigrasi di bandara
수하물	바가시	bagasi

면세점

면세점	또꼬 베바스 빠작	toko bebas pajak
주류	미누만	minuman
쵸콜릿	쪼끌랏	cokelat
기념품	올레올레	oleh-oleh
화장품	꼬스메띡	kosmetik
위스키	위스끼	wiski
와인	와인	wine
담배	로꼭	rokok
세금	빠작	pajak
세일	디스꼰	diskon
쇼핑백	따스 블란자	tas belanja

12

친구 사귀기

날씨

날짜 · 시간

감정 표현

말잇기

유용한 단어 – 숫자(기수) · 수량사

유용한 단어 – 숫자(서수)

유용한 단어 – 시간 표현

유용한 단어 – 요일 · 계절

유용한 단어 – 인칭 대명사 · 호칭어 · 방향

유용한 단어 – 색 · 기타 표현

유용한 단어 – 신체

유용한 표현

관광객으로 북적이는 여행지를 다니다보면 외국인 친구를 사귀는 일이 너무나 자연스럽게 이뤄지는데요. 외국어에 자신이 없다는 이유로 이 기회를 놓칠 순 없겠죠? 다음의 기본적인 표현만 알아도 인도네시아어를 좀 하는 척, 외국인과 친한 척 하기에 충분합니다.

친구 사귀기

■ 당신을 뭐라고 부르죠?
시아빠 나마 빵길란 안다?
Siapa nama panggilan Anda?

■ 그냥 리키라고 불러주세요.
빵길 사자 리키.
Panggil saja Ricky.

■ 어디서 오셨나요?
안다 브라살 다리 마나?
Anda berasal dari mana?

■ 한국에서 왔어요.
사야 다리 꼬레아.
Saya dari Korea.

■ 학생인가요?
안다 쁠라자르?
Anda pelajar?

■ 저는 대학생이예요.
사야 마하시스와.
Saya mahasiswa.

■ 전공이 뭐예요?
  안다 꿀리아 주루산 아빠?
  Anda kuliah jurusan apa?

■ 한국어학이예요.
  주루산 바하사 꼬레아.
  Jurusan bahasa Korea.

■ 경영학이예요.
  주루산 에꼬노미.
  Jurusan ekonomi.

■ 몇 살이세요?
  브라빠 우무르 안다?
  Berapa umur Anda?

■ 저는 스물 여덟살이예요.
  사야 브르우무르 두아 뿔루 들라빤 따운.
  Saya berumur 28 tahun.

■ 시간 있으세요?
  안다 아다 왁뚜?
  Anda ada waktu?

■ 만날 수 있을까요?
비사 브르뜨무?

Bisa bertemu?

■ 잘생기셨네요. / 예쁘게 생기셨네요.
안다 간뜽. / 안다 짠띡.

Anda ganteng. / Anda cantik.

■ 무슨 일을 하나요?
아빠 쁘끄르자안 안다?

Apa pekerjaan Anda?

■ 회사원/프리랜서/선생님이예요.
쁘가와이 / 쁘끄르자 베바스 / 구루.

Pegawai / pekerja bebas / guru.

■ 취미가 뭐예요?
아빠 호비 안다?

Apa hobi Anda?

■ 책 읽기를 좋아해요.
사야 수까 음바짜 부꾸.

Saya suka membaca buku.

■ 영화 보기를 좋아해요.
사야 수까 므논똔 필름.
Saya suka menonton film.

■ 걷는 것을 좋아해요.
사야 수까 잘란잘란.
Saya suka jalan-jalan.

■ 수영을 좋아해요.
사야 수까 브르낭.
Saya suka berenang.

■ 술 마시기를 좋아해요.
사야 수까 미눔 알꼬홀.
Saya suka minum alkohol.

■ 와, 당신 정말 멋져요!
와, 안다 끄렌.
Wah, Anda keren.

■ 여행을 자주 다니시나요?
안다 스링 브르잘란잘란?
Anda sering berjalan-jalan?

■ 이번이 처음이예요.
깔리 이니 깔리 쁘르따마.
Kali ini kali pertama.

■ 혼자 여행하는 것을 좋아하나 봐요.
스쁘르띠냐 안다 수까 브르잘란잘란 슨디리 야?
Sepertinya Anda suka berjalan-jalan sendiri ya?

■ 새로운 사람 사귀는 것을 좋아해요.
사야 수까 브르가울 등안 오랑 바루.
Saya suka bergaul dengan orang baru.

■ 저는 낯을 많이 가려요.
사야 띠닥 무다 아끄랍.
Saya tidak mudah akrab.

■ 다시 만날 수 있겠죠?
비사 끄뜨무 라기 깐?
Bisa ketemu lagi kan?

■ 물론이죠.
뜬뚜 사자.
Tentu saja.

■ 메일 보낼게요.
  사야 아깐 끼림 이메일 야.
  Saya akan kirim e-mail ya.

■ 우리 계속 연락하고 지내요.
  끼따 뜨루스 살링 믕후붕이 야.
  Kita terus saling menghubungi ya.

■ 이것은 제 명함입니다.
  이니 까르뚜 나마 사야.
  Ini kartu nama saya.

날씨

■ 오늘 날씨가 어때요?
바가이마나 쭈아짜 하리 이니?
Bagaimana cuaca hari ini?

■ 날씨가 아주 좋아요.
쭈아짜냐 상앗 바구스.
Cuacanya sangat bagus.

■ 날씨가 정말 안 좋아요.
쭈아짜냐 상앗 부룩.
Cuacanya sangat buruk.

■ 굉장히 더워요.
뜨를랄루 빠나스.
Terlalu panas.

■ 더워 죽겠어요.
마띠 끄빠나산.
Mati kepanasan.

■ 날씨가 흐리네요.
쭈아짜냐 믄둥.
Cuacanya mendung.

■ 오늘 일기 예보는 어떻습니까?
바가이마나 라말란 쭈아짜 하리 이니?

Bagaimana ramalam cuaca hari ini?

■ 내일 날씨가 어떨까요?
바가이마나 쭈아짜 베속?

Bagaimana cuaca besok?

■ 화창하대요.
까따냐 쯔라.

Katanya cerah.

■ 습하답니다.
까따냐 름밥.

Katanya lembab.

■ 내일은 비가 올 것입니다.
베속 아깐 뚜룬 후잔.

Besok akan turun hujan.

■ 오늘 기온이 몇 도인가요?
하리 이니 브라빠 드라잣 수후냐?

Hari ini berapa derajat suhunya?

275

■ 우비 있어요?
아빠까 안다 아다 자스 후잔?
Apakah Anda ada jas hujan?

■ 일기 예보는 믿을 수가 없어요.
라말란 쭈아짜냐 띠닥 비사 디쁘르짜야.
Ramalan cuacanya tidak bisa dipercaya.

■ 이곳의 날씨를 좋아하세요?
안다 수까 쭈아짜 디 시니?
Anda suka cuaca di sini?

■ 날씨가 형편없네요.
쭈아짜냐 부룩 스깔리.
Cuacanya buruk sekali.

■ 한국과 비교해서 이 곳의 날씨는 어떻게 다르죠?
바가이마나 쁘르베다안 쭈아짜 디 시니 디반딩깐 쭈아짜 디 꼬레아?
Bagaimana perbedaan cuaca di sini dibandingkan cuaca di Korea?

- 한국은 사계절이 있습니다.
  디 꼬레아 아다 음빳 무심.
  Di Korea ada empat musim.

- 우산 있어요?
  아다 빠융?
  Ada payung?

날짜 · 시간

■ 오늘은 며칠이예요?
하리 이니 땅갈 브라빠?
Hari ini tanggal berapa?

■ 7월 19일이요.
땅갈 슴빌란블라스 불란 줄리.
Tanggal 19 bulan Juli.

■ 오늘은 무슨 요일이예요?
하리 이니 하리 아빠?
Hari ini hari apa?

■ 금요일이요.
하리 주맛.
Hari Jumat.

■ 오늘 빨간 날이예요(휴일).
하리 이니 땅갈 메라.
Hari ini tanggal merah.

■ 내일은 휴일이예요.
베속 하리 리부르.
Besok hari libur.

지금 몇 시예요?
스까랑 잠 브라빠?

Sekarang jam berapa?

아직 7시밖에 안 되었어요.
마시 잠 뚜주.

Masih jam 7.

오전 11시 15분입니다.
잠 스블라스 리마블라스 므닛 시앙.

jam 11 15 menit siang.

오후 8시 5분 전입니다.
잠 들라빤 말람 꾸랑 리마 므닛 말람.

Jam 8 malam kurang 5 menit malam.

죄송하지만 저는 시계가 없어요.
마아프, 뜨따삐 사야 띠닥 뿌냐 잠.

Maaf, tetapi saya tidak punya jam.

감정 표현

■ 정말 기뻐요.
   사야 상앗 스낭
   Saya sangat senang.

■ 너무 재미있어요.
   숭구 므녀낭깐.
   Sungguh menyenangkan.

■ 진짜예요?
   브나르까?
   Benarkah?

■ 오마이갓.
   아두.
   Aduh.

■ 진심인가요? 농담하는 거죠?
   안다 세리우스? 브르짠다 깐?
   Anda serius? bercanda kan?

■ 진심이예요.
   사야 세리우스.
   Saya serius.

■ 농담이예요.
사야 브르짠다.
Saya bercanda.

■ 믿을 수 없어요!
사야 띠닥 비사 쁘르짜야!
Saya tidak bisa percaya!

■ 기분이 안 좋아요.
사야 므라사 띠닥 에낙.
Saya merasa tidak enak.

■ 슬퍼요.
사야 스디.
Saya sedih.

■ 고인의 명복을 빕니다.
사야 뚜룻 브르두까.
Saya turut berduka.

■ 울고 싶네요.
사야 마우 낭이스.
Saya mau nangis.

- 기분이 우울해요.
  사야 데쁘레시.
  Saya depresi.

- 실망했어요.
  사야 끄쩨와.
  Saya kecewa.

- 유감스럽네요.
  사야 므녀살.
  Saya menyesal

- 심심해요.
  사야 보산
  Saya bosan.

- 지루해요.
  믐보산깐.
  Membosankan.

- 대단해요.
  헤밧. / 루아르 비아사.
  Hebat. / Luar biasa.

■ 저 미칠 것 같아요.
사야 자디 길라.
Saya jadi gila.

■ 화가 나요.
사야 마라.
Saya marah.

■ 무서워요.
사야 따꿋.
Saya takut.

■ 놀라서 죽는 줄 알았어요.
사야 따꿋 스뜽아 마띠.
Saya takut setengah mati.

말잇기

■ 어쨌든…….
응오몽응오몽…….
Ngomong-ngomong…….

■ 말하자면…….
막숫냐…….
Maksudnya…….

■ 아시다시피…….
스쁘르띠냐 양 안다 끄따우이…….
Seperti yang Anda ketahui…….

■ 사실은…….
스브나르냐…….
Sebenarnya…….

■ 그런데…….
뜨따삐…….
Tetapi…….

■ 그뿐만 아니라…….
부깐 하냐 이뚜…….
Bukan hanya itu…….

- 글쎄요.
  은딸라.
  Entahlah.

- 설마!
  마사.
  Masa!

- 좋았어!
  바구스.
  Bagus!

- 요점은······.
  뽀꼭냐······.
  Pokoknya······.

- 짧게 말해서······.
  싱깟냐······.
  Singkatnya······.

- 요약해서······.
  링까스냐······.
  Ringkasnya······.

유용한 단어-숫자(기수)·수량사

기수

0	nol / kosong	놀 / 꼬송
1	satu	사뚜
2	dua	두아
3	tiga	띠가
4	empat	음빳
5	lima	리마
6	enam	으남
7	tujuh	뚜주
8	delapan	들라빤
9	sembilan	슴빌란
10	sepuluh	스뿔루
11	sebelas	스블라스
12	dua belas	두아 블라스
13	tiga belas	띠가 블라스
14	empat belas	음빳 블라스
15	lima belas	리마 블라스
16	enam belas	으남 블라스
17	tujuh belas	뚜주 블라스
18	delapan belas	들라빤 블라스
19	sembilan belas	슴빌란 블라스
20	dua puluh	두아 뿔루
30	tiga puluh	띠가 뿔루
100	seratus	스라뚜스
1,000	seribu	스리부
10,000	sepuluh ribu	스뿔루 리부

100,000	seratus ribu	스라뚜스 리부
1,000,000	satu juta	사뚜 주따
10,000,000	sepuluh juta	스뿔루 주따
100,000,000	serarus juta	스라뚜스 주따
1,000,000,000	satu miliar	사뚜 밀리아르
10,000,000,000	sepuluh miliar	스뿔루 밀리아르
100,000,000,000	seratus miliar	스라뚜스 밀리아르
1,000,000,000,000	satu triliun	사뚜 뜨릴리운

수량사

1/2	setengah	스뜽아
1/3	sepertiga	스쁘르띠가
1/4	seperempat	스쁘르음빳
한 번	sekali	스깔리
두 번	2 kali	두아 깔리
2배	2 kali lipat	두아 깔리 리빳
3배	3 kali lipat	띠가 깔리 리빳
한 사람	seorang	스오랑
두 사람	2 orang	두아 오랑
한 마리	seekor	스에꼬르
두 마리	2 ekor	두아 에꼬르
한 개	sebuah	스부아
두 개	2 buah	두아 부아
한 벌	sehelai	스흘라이
두 벌	2 helai	두아 흘라이
한 컬레	sepasang	스빠상

유용한 단어-숫자(서수)

두 컬레	2 pasang	두아빠상

서수

첫 번째	pertama	쁘르따마
두 번째	yang kedua	양 끄두아
세 번째	yang ketiga	양 끄띠가
네 번째	yang keempat	양 끄음빳
다섯 번째	yang kelima	양 끄리마
여섯 번째	yang keenam	양 끄으남
일곱 번째	yang ketujuh	양 끄뚜주
여덟 번째	yang kedelapan	양 끄들라빤
아홉 번째	yang kesembilan	양 끄슴빌란
열 번째	yang kesepuluh	양 끄스뿔루
백 번째	yang keseratus	양 끄스라뚜스
천 번째	yang keseribu	양 끄스리부

유용한 단어-시간 표현

시간 표현

한국어	인도네시아어	발음
시간	jam	잠
한 시간	1 jam	사뚜 잠
두 시간	2 jam	두아 잠
분	menit	므닛
10분	10 menit	스뿔루 므닛
30분	setengah jam	스뜽아 잠
초	detik	드띡
5초	5 detik	리마 드띡
아침	pagi	빠기
정오	tengah hari	뜽아 하리
점심	siang	시앙
오후	sore	소레
밤	malam	말람
자정	tengah malam	뜽아 말람
그저께	kemarin dulu	끄마린 둘루
어제	kemarin	끄마린
오늘	hari ini	하리 이니
내일	besok	베속
모레	lusa	루사
지난주	minggu yang lalu	밍구 양 랄루
지난달	bulan yang lalu	불란 양 랄루
작년	tahun yang lalu	따운 양 랄루
이번 주	minggu ini	밍구 이니
이번 달	bulan ini	불란 이니
올해	tahun ini	따운 이니

다음 주	minggu depan	밍구 드빤
다음 달	bulan depan	불란 드빤
내년	tahun depan	따운 드빤
지금	sekarang	스까랑
이른	lebih awal	르비 아왈
늦은	terlambat	뜨를람밧
곧	segera	스그라

유용한 단어-요일 · 계절

요일

요일	hari	하리
월요일	hari Senin	하리 스닌
화요일	hari Selasa	하리 슬라사
수요일	hari Rabu	하리 라부
목요일	hari Kamis	하리 까미스
금요일	hari Jumat	하리 주맛
토요일	hari Sabtu	하리 삽뚜
일요일	hari Minggu	하리 밍구
공휴일	hari libur	하리 리부르

계절

봄	musim bunga / musim semi	무심 붕아 / 무심 스미
여름	musim panas	무심 빠나스
가을	musim gugur	무심 구구르
겨울	musim dingin / musim salju	무심 딩인 / 무심 살주
우기	musim hujan	무심 후잔
건기	musim kering / musim kemarau	무심 끄링 / 무심 끄마라우

유용한 단어 – 인칭 대명사 · 호칭어 · 방향

인칭 대명사

저 / 나	saya / aku	사야 / 아꾸
당신 / 너	Anda / kamu	안다 / 까무
당신들 / 너희들	Anda sekalian / kamu sekalian	
	안다 스깔리안 / 까무 스깔리안	
그, 그녀	dia	디아
그분	beliau	블리아우
그들	mereka	므레까

호칭어

아버지, 아저씨	bapak	바빡
어머니, 아주머니	ibu	이부
총각	mas	마스
아가씨	mbak	음바
군	saudara	사우다라
양	saudari	사우다리
형, 오빠	kakak laki-laki	까깍 라끼라끼
누나, 언니	kakak perempuan	까깍 쁘름뿌안
남동생	adik laki-laki	아딕 라끼라끼
여동생	adik perempuan	아딕 쁘름뿌안
남편	suami	수아미
아내	istri	이스뜨리
아이, 자식	anak	아낙
삼촌	paman	빠만
조카	keponakan	끄뽀나깐
사촌 형제	sepupu	스뿌뿌

방향

동	timur	띠무르
서	barat	바랏
남	selatan	슬라딴
북	utara	우따라
위	atas	아따스
아래	bawah	바와
왼(쪽)	kiri	끼리
오른(쪽)	kanan	까난
앞	depan	드빤
뒤	belakang	블라깡
옆	samping	삼삥
가운데	tengah	뜽아
안	dalam	달람
밖	luar	루아르

유용한 단어 -색·기타 표현

색

색	warna	와르나
검정색	warna hitam	와르나 히땀
하얀색	warna putih	와르나 뿌띠
빨간색	warna merah	와르나 메라
분홍색	warna merah muda	와르나 메라 무다
파란색	warna biru	와르나 비루
노란색	warna kuning	와르나 꾸닝
초록색	warna hijau	와르나 히자우
갈색	warna cokelat	와르나 쪼끌랏
회색	warna abu-abu	와르나 아부아부
주황색	warna jingga	와르나 징가
보라색	warna ungu	와르나 웅우
금색	warna emas	와르나 으마스
은색	warna perak	와르나 뻬락

기타 표현

네	iya	이야
아니요	tidak(명사이외부정), bukan(명사부정)	띠닥, 부깐
이것	ini	이니
그것, 저것	itu	이뚜
여기	sini	시니
거기	situ	시뚜
저기	sana	사나

유용한 단어 – 신체

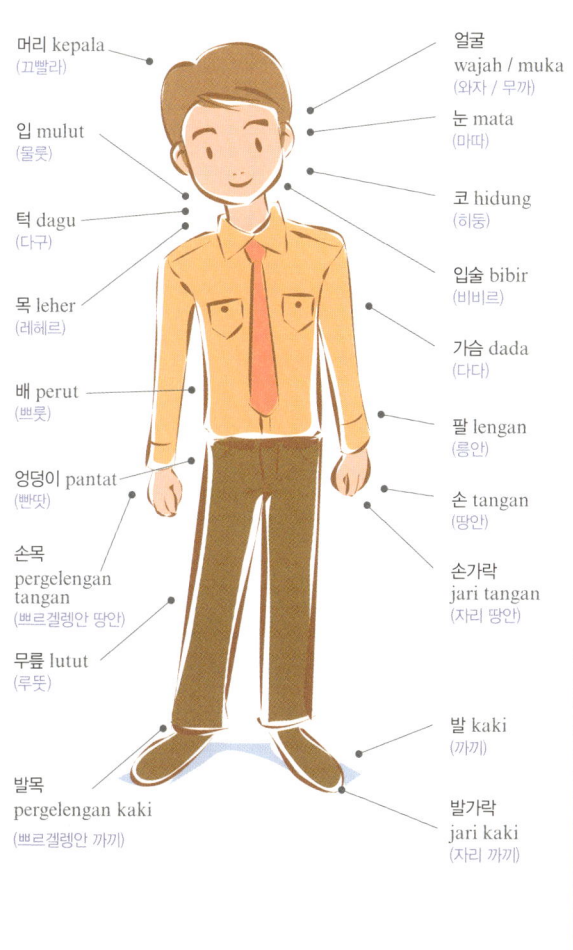

머리 kepala
(끄빨라)

입 mulut
(물룻)

턱 dagu
(다구)

목 leher
(레헤르)

배 perut
(쁘룻)

엉덩이 pantat
(빤땃)

손목
pergelengan tangan
(쁘르겔렝안 땅안)

무릎 lutut
(루뚯)

발목
pergelengan kaki
(쁘르겔렝안 까끼)

얼굴
wajah / muka
(와자 / 무까)

눈 mata
(마따)

코 hidung
(히둥)

입술 bibir
(비비르)

가슴 dada
(다다)

팔 lengan
(릉안)

손 tangan
(땅안)

손가락
jari tangan
(자리 땅안)

발 kaki
(까끼)

발가락
jari kaki
(자리 까끼)

이것만 **알**면 **통**한다
여행 인도네시아어

초판 인쇄　2016년 10월 15일
초판 발행　2016년 10월 25일

지은이　　황우중
발행인　　이진곤
발행처　　씨앤톡

등록일자　2003년 5월 22일
등록번호　제 313-2003-00192호

ISBN　　　978-89-6098-461-5 (13790)

주소　　　경기도 파주시 문발로 405(신촌동 741-2) 제2출판단지 활자마을
홈페이지　www.seentalk.co.kr
전화　　　02-338-0092
팩스　　　02-338-0097

ⓒ2016, 황우중

본 책은 저작권법에 의해 보호를 받는 저작물이므로 무단 전재와 복제를 금합니다.

- 이 책의 본문 및 표지 이미지는 www.bigfoto.com, www.cepolina.com, www.sxc.hu, www.morguefile.com, www.stockvault.net를 이용했습니다.